JN139233

MONIKA LUUKKONEN

マイタイム
MY TIME

自分もまわりも幸せになる「自分のための時間」のつくり方

モニカ・ルーッコネン
関口リンダ 訳

Discover

はじめに

あなたに、〝マイタイム〟はありますか？

〝マイタイム〟とは、「自分のための時間」です。仕事でも家事でも、家族のためでもない時間。たとえば、趣味に没頭したり、エクササイズをしたり、読書をしたり、ゆっくりお茶を飲んだり、友人とおしゃべりしたり……。

「ない！」と思った方の多くは、仕事が忙しかったり、子育て中であったり、介護中の方が多いのではないでしょうか。仕事や育児に一生懸命な人ほど、〝マイタイム〟を持ちにくい傾向にあります。

私はフィンランド人ですが、日本で暮らした経験があり、日本の文化や日本人の人柄が大好きです。でも、日本の方たちはちょっとがんばりすぎかなと思うところがあり、本書で、どんなに忙しくても〝マイタイム〟を持つことの大切さとその方法をお伝えできればと思っています。

〝マイタイム〟とは?

〝マイタイム〟とは、シンプルにいうと、**仕事や家庭の責任から離れ、自分に投資する時間のことです。**少し例を挙げてみましょう。

・友人と一緒に過ごす
・エクササイズをする
・自然や芸術を鑑賞する
・趣味に打ち込む

過ごし方は、人それぞれ違ってOK。自分がいちばんリラックスできること、自分にとって意義あることをすればよいのです。

私のまわりのフィンランド人も、エクササイズ（ジョギング、ウォーキング、ヨガ、エアロビクス、バドミントン、ジム……）、趣味に興じる、外国語などを学ぶ、屋外で時間を過ごす、友人と過ごすなどさまざまです。

〝マイタイム〟を持つことのメリット

〝マイタイム〟を大切にすることは、私たちの生活に多くのメリットをもたらします。

① 充電できる

家庭や仕事から離れることによって、個人としての自分を見つめ直したり、将来を考えたりすることができます。

② 自己啓発ができる

新しいことを学んだり、人と会い交流したりすることによって、新たな視点を得たり、成長することができます。

③ 健全な人間関係が保てる

家族や職場だけでなく、友人や知人と絆を深めることができます。

④ より健康になれる

エクササイズや散歩によって、より健康になることができます。

⑤ よき親、よきパートナー、よき社会人になれる

実はこれがいちばん大切なことなのですが、〝マイタイム〟はあなたに健全な精神をもたらし、その結果、家族に優しくなれたり、仕事のパフォーマンスが上がったり、社会的な関心を持てたりするのです。

なぜ、フィンランド人は〝マイタイム〟を大切にするのか

〝マイタイム〟を大切にする考え方はフィンランド社会でも、実は比較的新しいものです。今子育てに入った私たちの世代（1970代生まれ以降）の発想ではないでしょうか。共働きだった私の両親世代でも、〝マイタイム〟という考えはありませんでしたし、祖父母の世代に至っては、その概念すら頭をよぎらなかったと思います。

なぜ、私たちの世代は〝マイタイム〟に関心があるのか？
それには、2つの社会的な変化が関係しています。

一つは、親世代では一般的であった終身雇用がなくなり、多くの人は、複数の仕事をかけもちしていることです。自由である代わりに、同時並行で別の仕事を進めるストレスやいつ解雇されるかわからない不安などのさまざまなプレッシャーも生まれて

きています。

もう一つは、昔に比べて、子どもの習い事や学校の勉強に親が関わる場面が多くなったことです。

その結果、仕事に加えて家事や子どもの世話、介護などが、個人の背中に大きくのしかかるようになったのです。

さまざまな責任を個人で背負うがゆえに、それらから自由になって自分のためだけに過ごす時間というものが非常に大切になってきたのです。**〝マイタイム〟で、仕事や家庭生活のバランスを保ち、ときには自分をリフレッシュするのです。**

今や、〝マイタイム〟を持つことの重要性が広く認識され、友人同士で〝マイタイム〟について話題にし、意見交換するのが一般的になっています。

フィンランドは、日本より10年早く少子高齢化が進んでいると言われ、共働き世帯は8割を超えています。労働環境や社会事情は違いますが、きっと何か参考になることがお伝えできると確信しています。

実は私はシングル・マザーで、数年前から老年の父親の面倒も見ています。毎日目が回るように忙しいです。でも、〝マイタイム〟をとることをあきらめていませんし、さまざまな工夫をして〝マイタイム〟をつくり出し、生活のバランスを取っています。

本書では、これらの私の体験やフィンランドの暮らしから、〝マイタイム〟をつくるための方法や心構えをお伝えします。みなさんそれぞれの仕事や家族状況があると思いますが、もし今あなたが「〝マイタイム〟がない」「〝マイタイム〟がほしい」と思っているなら、ぜひ少しずつでも取り入れてもらえれば、嬉しいです。

モニカ・ルーッコネン

はじめに 3

1章

自分をもっと大切にする
〝マイタイム〟のはじめ方

1 ちょっとだけわがままになってみる 18
2 忙しいときこそ自分を大切にする 24
3 「やりたいことリスト」をつくる 28
4 自分の時間の使い方を検証する 32
5 すき間時間を〝マイタイム〟にする 38

6 朝を〝マイタイム〟にする 40
7 夜を〝マイタイム〟にする 42
8 〝マイタイム〟もスケジュールに入れる 44
9 子どもと一緒に〝マイタイム〟を楽しむ 48
10 仕事に対する姿勢を変える 50
11 柔軟に働く 56
12 自分の人生をコントロールする 58
13 「ここまでやればＯＫ」の基準を決める 62
14 〝マイタイム〟について家族と話し合う 66
15 まわりの人と助け合いながら 70

COLUMN 1 私の好きな日本 74

2章

自分を再発見する〝マイタイム〟の楽しみ方

16 ざっくりとした予定をつくっておく 80
17 日常的にエクササイズをする 84
18 たっぷりと休養をとる 88
19 自分の趣味を持つ 92
20 2人以上で過ごす 94
21 パートナーとのカップルタイムをつくる 98
22 友人を忘れずに 100

23 「ミニ瞑想」で心を整える 104
24 大切にすべきものについて考える 106
25 将来について考える 110
COLUMN 2 フィンランド人はサマーコテージが大好き 112

3章

家事と育児は完ぺきを目指さない

26 ピカピカな家にすることより大切なこと 118
27 家事はファミリー総動員! 122
28 家事はスケジュール表で管理 126
29 買い物は一週間分をまとめて 130
30 毎日ちょっとだけお片付け 134
31 たまには、お金を払ってプロにお願いする 138
32 〝マイタイム〟のための保育環境を確保する 142

33 頑強なサポート環境をつくる 146
34 家事も育児も他人と比べない 150
35 不必要な罪の意識にさようなら 154
COLUMN 3 家族との絆 158
おわりに 164

1章

自分をもっと大切にする“マイタイム”のはじめ方

1

ちょっとだけわがままになってみる

「たしかに、自分の時間があったら素敵。でも、やっぱり私には無理かも」と思う方もいるかもしれませんね。家事や仕事のプロジェクト、子どもの学校や習い事など、やることリストは限りがありませんから。

実は、**〝マイタイム〟を持つときにいちばんの障害になるのは、「〝マイタイム〟を持ちたいなんて、わがままなんじゃないだろうか」というあなた自身の気持ちなのです。**

子育てや介護などをしていると特に、生活の中で「自分以外のために尽くす」責任が重くのしかかってきます。それはもちろん悪いことではありません。私もまわりの人たちを助け、協力をし、ボランティア活動もしています。でも、ここで大切なのは、バランスの取れた生活をする、ということです。仕事、家庭、家族、そして〝マイタイム〟も大切なのです。

ちょっぴりわがままになってみてください。あなたは、たくさんの責任を背負っています。でも、自分の人生、健康、夢について考え、リラックスし、充電できるように、少し自分に投資する時間をつくってください。**一度きりの人生なのに、自分に時間を使わないなんて、もったいない！**

また、一見わがままに見える人でも、それは自身を知り、きちんと自己管理しているからこその「わがまま」なのかもしれません。

たとえば、家族が忙しいのに、ジムに通う母親は、一見わがままに見えるでしょう。でも、大きくとらえると、母親にとって、自分の健康と体に気遣うことは大切なのです。彼女が健康なら、家庭や仕事をきちんとこなすことができます。

あなたもそうしたいなら、誰がなんといっても、自分の人生を第一に考えて「わがまま」になってみてください。

あなたのためにわがままになる人は、あなた以外誰もいません。自分で自分らしく、自分のために立ち上がってください。

私の場合、エクササイズをする時間で家のそうじをしたり、仕事をしたりすることはできますが、「外の新鮮な空気の中でウォーキングをして、健康を保つことのほうが大切」といつも自分に言い聞かせています。

子どもにも「自分を大切にする」姿を見せる

子どもにとっても、親が〝マイタイム〟を普通にとっている姿をみて、自分のことを大切にする習慣が身につくはず。エクササイズ、友人との交流、生涯教育のコース、新しいことにチャレンジ、読書、早めに寝て睡眠時間を確保など、親がしていることを子どもは見ています。

大人と子どもの生活を別にすることは、子どもにとって厳しいときもあります（親にとっても)。でも、「成長の面からいえばとても大切」とフィンランドの小児精神科医であるヤリ・シンッコネンは言います。「子どもはときには部外者になることによって、世代の違いを経験することが必要」と考えているのです。

もちろん娘に「また行くの?」と言われながら、ウォーキングやヨガに行く準備をするのは、罪悪感を感じないわけではありません。でも、家に帰り着いたときには、リラックスしていますし、自分のためによいことをしたという満足感もあり、よりよい形で娘に接することができます。

〝マイタイム〟を持つことは、心身によい影響を与え、家族のためにもなる、そう信じることが大切です。

仕事、家族、〝マイタイム〟のバランスが大切

草花が力強く成長するために、栄養や水、太陽の光、空気などが必要なように、人

間の健康も十分な睡眠、栄養のある食事、適度なエクササイズによって保たれます。

精神的なバランスも同じです。**充実した仕事、家族との時間、そして自分のための時間（マイタイム）。この3つのバランスが取れてこそ、健全な日々を過ごせるのです。**いずれかの時間が特別に多くなってしまってはいけません。


フィンランドでは、社会体制として家事や子育てを女性だけが担うのではなく、パートナーや他の子どもたちと分担しているので、バランスが保たれている場合が多いと思います。

女性も働いて忙しいので、家を特別にきれいに保ったり、頻繁にホームパーティを開いたりせず、家事に対してもかなりアバウトな姿勢です。私も友人宅に呼ばれると、「ごめんなさい、あまり片付いていないのよ、忙しいし、わかるでしょう？」というあいさつで出迎えられます。何もフィンランドの家がひどく汚いとか片付いていないと言っているわけではありません。でも、美しく片付けられた家にすることに優先順位を置いていません。

健康な心身を保ち、丈夫で長生きをするためには、バランスこそ鍵であり、まさに挑戦なのです。

自分の生活を振り返ってみましょう。やらなければいけないことでいっぱいですか？　でも、本当に全部やる必要がありますか？

空き時間を家族のために、と思うかもしれませんが、自分のために使った時間は、必ず家族関係によい形で影響します。

2

忙しいときこそ自分を大切に

育児や家事など、やるべきことが多い生活ほど、自分のことは忘れがちになります。夜には疲れすぎてエクササイズはできない、まだ仕事が終わっていない、神経がたってすぐには寝つけないなど、いろいろありますね。

でも、忙しいからこそ、より自分を大切にすることが大事なのです。忙しいときほど、セルフケアが必要。忙しすぎるから、エクササイズをする時間はない。ジャンクフードに逃避したり、お酒を飲みすぎてしまったり……。いちばん悪いパターンです。

もう一度言います。忙しいときほど、自己管理が大切。次のセルフケアを忘れないでください。

① 日常的な運動

エクササイズをすることによって、ストレスが緩み、同時に健康的になり、気持ちも前向きになります。

② 十分な睡眠

睡眠不足は万病のもとです。仕事での効率も落ちますし、気分も優れません。子どもが赤ちゃんのときは特に睡眠不足になりがちですが、パートナーや家族などに協力してもらってできるだけ眠るようにしましょう。

③ バランスの取れた健康的な食事

健康的な食事は、植物にとっての水や太陽の光と同じように欠かせません。

健康的な生活によって、ストレス軽減、バランスが取れた日常の中に、〝マイタイム〟を確保するのです。忙しすぎると、時間がないからパニックになりますね。でも、きちんとスケジュールを立てて生活を管理すれば、どんなに忙しくても健康を保つためのよきバランスを見つけることができます。

大切なのは、そうしたいという強い願望と決意であり、自分の人生を上向きに健康的にしたいという強い想いです。

幼い子どもを持つ人にこそ、〝マイタイム〟を

そのほかにも、友人たちと交流したりして生活を楽しみ、リラックスすることも必要です。楽しいこと、リラックスできる方法はそれぞれ違いますから、自分の好みで探してください。たとえば読書の好きな人、音楽を聴いたり、自然の中で過ごすのが好きな人もいます。反対に、大勢集まって食事をするのが好きな人もいます。みんなそれぞれ違ってよいのです。フィンランド人の多くは、「一人の時間が大切」と言います。一人になって静かに過ごし、鋭気を養うのです。

特に幼い子どもがいる人は、〝マイタイム〟が必要。あなたはどうでしょうか？

もう一度言いますが、まず自分のケアをしっかりしてください。そうしなければ人の面倒を見ること、責任をもって仕事をすることもできません。忙しいときほど、自分を大切にすること。**人や家族のことを考えすぎたり、仕事に没頭したりして、自分のケアを疎かにしないこと。**あなたがみんなの要なのです。

3

「やりたいことリスト」をつくる

〝マイタイム〟を持つ、ということはさまざまな場面で勇気が必要です。まず、本当に「自分のために時間を割くんだ」ということを意識してください。

最初は少し気後れをしてしまうでしょう。寝ている時間以外のほとんどを自分以外の人のために過ごしていることに慣れているあなたが、「自分のためだけ」の時間を過ごすのです。だからこそ、最初は勇気が必要なのです。

「お試し一人時間」をつくる

最終的には日常的に〝マイタイム〟を持つことが目標ですが、**まずは、とにかく一人きりになる「お試し一人時間」をつくってみてください**。長い時間である必要はありません。子どもがいる方は、子どもが寝たあとや家族に見てもらっているとき、30分でも1時間でもよいのです。

一人でいるときに、あなたはどんなことを考えるのでしょうか。解放感に浸るでしょうか。もしかしたら、怖くなったり、寂しくなったり、幸せを感じたり。満足感、ワクワクした気持ち。家族と一緒でない罪悪感もありますか？　とにかくいろいろな感情がこみあげてきます。

久々に、自分の本音や気持ちに触れることができるかもしれません。日々について振り返ったり、将来について考えたりするかもしれません。同時に、日常の責任や生活から離れ、少しだけ息抜きできることでしょう。

そして、「これから〝マイタイム〟を持つ」ということについて考えてみてください。

まず、〝マイタイム〟を持ったらどんなことをやりたいか考えてみましょう。そして、ずっとやりたかったことのリストをつくりましょう。

どんな場所に行きたいですか？　やりたいこと、学びたいことがありますか？　一つずつ、それらが現実になるように、あなたの時間をつくってみましょう。

「やりたいこと」は、立派なものである必要はありません。友人と久々にゆっくり会いたいとか、週に1回は一人でカフェでのんびりするとか、そんなものでいいのです。

たとえば、私はよく散歩をします（夜はもちろん注意しますが）。ゆったりとした音楽を聞いたり、四季の変化を楽しんだり。季節を通じてさまざまな香りと自然の美しさを感じることができます。フィンランドでは、冬の間は午後になると外は真っ暗になり、道も雪で凍ってしまいます。夏は、雨が降ったり、風が吹いたり。でも、散歩することによって気分がリフレッシュされるので、このような自然の不便さも、潔く受け入れて気にかけません。こんな時間を過ごしていたら、悩んでいた問題の解決法も自然と浮かんだりします。

自分の意志や気持ちに耳を傾けて

〝マイタイム〟をつくる勇気を持つということは、「自分を大切にする勇気を持つ」ということでもあります。

新しい趣味に出会ったり、自己発見をしたり、新しい人に出会ったり。いちばん大切なことは、一人きりの時間を持つことによって、気分がリフレッシュし、リラックスできることです。

注意していただきたいのは、〝マイタイム〟とは、たまたまできた空き時間を潰すことではありません。現代社会の中では、寝ている時間以外のすべてが、音楽、SNS（ソーシャルネットワークサービス）、通勤電車のラッシュ、職場の打ち合わせなどで埋まっています。一旦それらをすべて断ち切ってください。そして自分の意志や気持ちに耳を傾ける一人の時間をつくるのです。

4 自分の時間の使い方を検証する

ここからは、具体的にどうやって〝マイタイム〟をつくればよいのか紹介していきます。

まずはあなたが普段「どんなことにどれくらい時間を使っているのか」を見てみましょう。〝マイタイム〟はどのくらいとれているでしょうか。

円グラフを2つ描き、平日と休日の一般的な一日の時間の使い方を24時間で表現してみてください。

たとえば、ある30代の日本人女性（フルタイム共働き、3歳の子ども1人）の場合、左ページのようになったようです。お子さんが小さいので、休日はほとんど家族一緒に

ある女性(フルタイム共働き、3歳の子ども1人)の時間の使い方

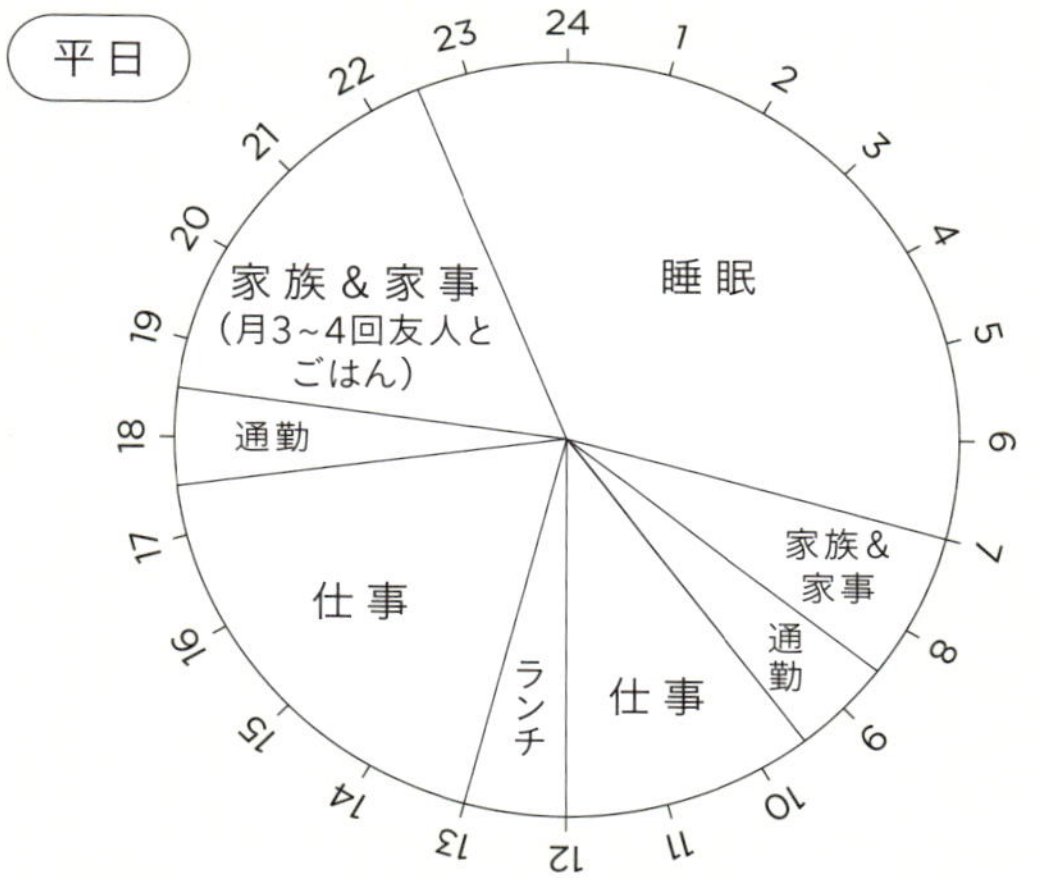

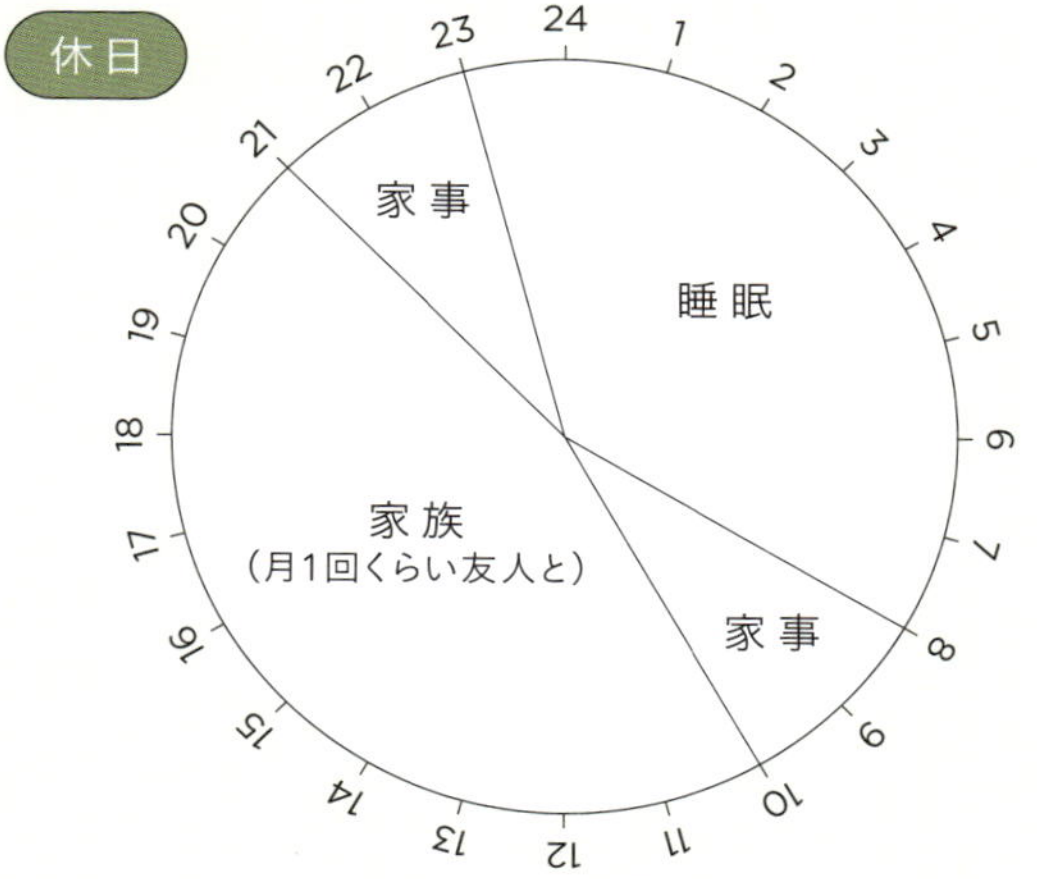

過ごしています。

これができたら、大雑把でいいので、一週間のそれぞれの時間の内訳を出してみましょう。

たとえば、この例ですと睡眠は平均すると8時間なので、8時間×7日で56時間。一週間は168時間なので、56時間÷168時間×100で、約33％が睡眠になります。

同じように他の時間も、ざっくりと算出してみてください。厳密でなくてもいいですよ。たとえば週に1回友人とごはんを食べるのなら、4時間÷168時間×100かな、くらいですね。


この例の女性の場合、だいたいこれくらいになります。

睡眠 33％
仕事 27％
家族＆家事 32％
〝マイタイム〟（友人と食事など） 8％

大切なのはこれらの時間のバランスが取れていることです。人それぞれ最適なバランスがあると思いますが、この例の場合は運動をまったくしていないので、健康のことを考えると見直したほうがよさそうです。

さあ、あなたも37ページの図に自分の時間配分を書き込んでみてください。

描いた図を見てみましょう。〝マイタイム〟はどんな大きさですか？〝マイタイム〟はきちんととれているでしょうか。

理想としては、仕事、家庭（育児や家事）、睡眠、そして〝マイタイム〟がバランスよく配分されていることです。ただし、**この「バランス」については、仕事や家庭環境、またその人の性格によって違いますので、どれが正しいかということではありません。**どのくらいとることが可能か、どれだけ必要かも人によってみんな違います。たとえば、週に1時間家族や仕事から離れて運動をやって、その間はパートナーが子どもの面倒を見ることで十分、という人もいます。**あなたの生活にいちばん合ったバランスを見つけてください。**

私の場合は、〝マイタイム〟は毎日必要なタイプです。私にとってバランスの取れた生活とは、やりがいのある仕事があること、娘と過ごす時間が十分にあること、エクササイズをする時間があること、よく眠り休養する時間があること。そして、〝マイタイム〟の時間と空間がときどきあり、人と交流する時間もある生活です。

〝マイタイム〟の内容も、友人と過ごすだけでなく、読書をしたり、瞑想をしたり、散歩をしたり、新しい映画を見たり、コンサートに行ったりとさまざまです。

時間の使い方を振り返ってみて、どうだったでしょうか？

〝マイタイム〟どのくらいありましたか？　どのくらいがあなたにとって適切でしょうか？　本書を読みながら一緒に考えていきましょう。

あなたの時間の使い方を図に入れてみましょう。

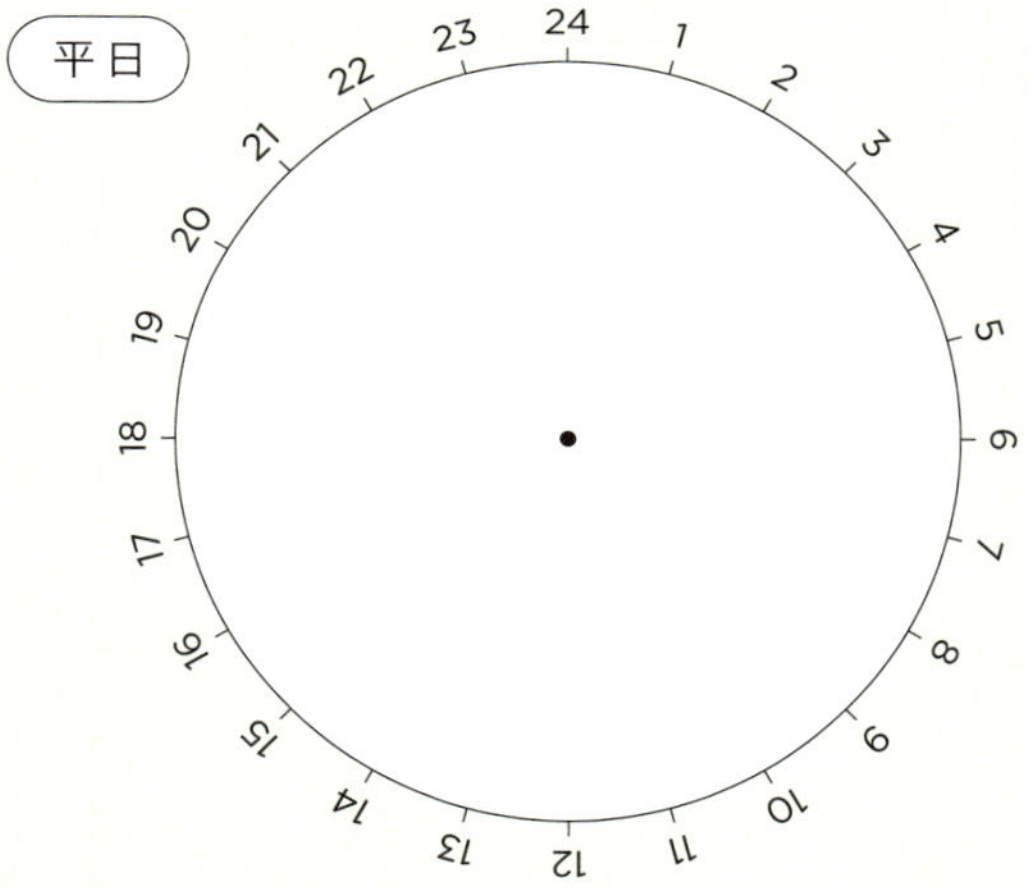

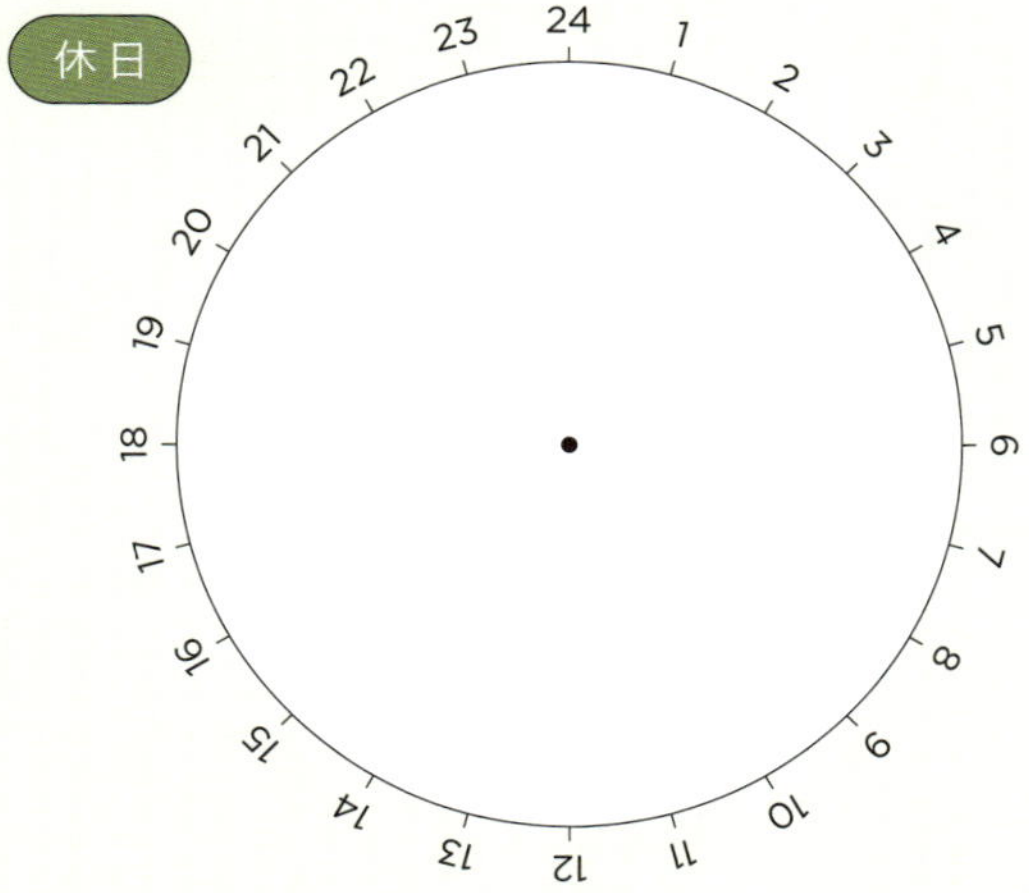

5 すき間時間を〝マイタイム〟にする

「〝マイタイム〟はほしい。でも、現実問題として忙しすぎてそんな時間はない」という方も多いのではないでしょうか。私もそうでした。

ここでは、どうやって〝マイタイム〟をつくるのかということをご紹介します。

ポイントは、「すき間時間」の活用です。

通勤時間や子どもの習い事を待っている間など、いままでなんとなく過ごしていた時間に注目すれば、〝マイタイム〟をつくることができるのです。

たとえば我が家の場合、娘は小さいときからいろいろなことに興味を持ち、習い事をしていました。テニス、音楽、バレエです。その毎週の習い事の間、座って待っているなんて時間がもったいないので、私はウォーキングのエクササイズ・タイムにあてていました。

私がおすすめする〝マイタイム〟をつくるすき間時間をご紹介します。

・子どもの習い事中に、ジムに行く、ジョギングをする、友人とお茶をする
・ジムによっては、ワークアウトをしている間、子どもを預かったり、遊ばせてくれる施設もあるので、それらを利用する
・通勤時間が長い場合、読書などをする
・自転車通勤をして、エクササイズの時間にする
・自宅や会社の一駅手前で降りてウォーキングをする
・ランチを読書や考え事の時間にする

できそうなものがあれば、ぜひ明日から始めてみてください。

6

朝を〝マイタイム〟にする

朝少し早く起きて〝マイタイム〟をつくるという選択肢もあります。

子どもが起きる数時間前に起きて、ジムに行ったり、ジョギングをしたり……。フィンランド人のある母親は、4人の子どもが起きてくる前の時間にゆっくりとコーヒーを飲みながら新聞を読むそうです。また、ある父親は、5時に起きて庭の園芸小屋で小説や詩を書いています。それぞれ忙しいキャリアを持ちながら、朝早く起きることによって〝マイタイム〟を見つけているのです。

一日の始まりである朝は、頭が冴え、最も創造的・生産的な時間だと言われています。

私は本来、朝型ではありませんが、早起きできたときは、大いに利用し、車ではなく自転車で通勤をしたりしています。朝の川べりをサイクリングする気持ちよさは格別です。川の表面は、晴れ、曇り、風が強い寒い日などみな違う顔をしています。冬には、凍ってしまうのです。寒い日にサイクリングをすると頬は真っ赤。かもめ、白鳥も飛んでいます。春や夏は鳥のさえずりが聞こえます。毎日が違うのです。朝いちばんにこんな素晴らしい自然体験ができると、一日の気分が変わります。

また、瞑想やヨガを行うのも、おすすめです。

ただし、体内時計は人それぞれです。私のように早起きが向いていない人もいます。朝起きるのは得意でも、朝運動するのが向いていない人もいます。必要な睡眠の長さも人それぞれですし、自分の体と精神と相談しながらいろいろと試してみてください。

くれぐれも無理はしないこと。自分を大切にすることが、〝マイタイム〟の基本なのですから。

7

夜を〝マイタイム〟にする

朝と同じように、夜を〝マイタイム〟にすることもできます。

夜は質のよい睡眠につながるように、激しい運動などをするよりもゆったりとリラックスし、気持ちをゆるめることをするのがおすすめです。やりたいことも、きっちりと計画を立てるよりも、柔軟性を持たせておきましょう。

夜に〝マイタイム〟をとるとき、私の場合はエクササイズをして、精神的にリラックスし、体の健康も保つようにしています。夜は、長いウォーキング、ヨガに行くのが好きです。日常的にエクササイズをしていると、休むのが逆におっくうになります。そして、子どもが寝たあとは読書をしたり書き物をしたりします。

日本は会社が終わる時間が遅いので、子どもの習い事の間にエクササイズというのは難しいかもしれませんが、子どもが寝たあとは何かできそうですね。

読書をしたり、趣味や勉強をしてみるのはどうでしょう？　また、ゆっくりお風呂タイムをとるのはどうですか？

家族が家にいてくれれば、ウォーキングやヨガに出かけるのもいいかもしれません。ときには、子どもの寝かしつけをパートナーに任せて友人と夜の散歩に出かけてみるのも楽しいに違いありません。

さらに、もし職場環境が許せば週に1日くらい早めに退社するのはどうでしょうか？　その時間を〝マイタイム〟にあてることができれば？　ワクワクしませんか？

ただし、バランスよく続けることが大切です。ある日いきなり深夜まで勉強したりして翌日寝不足でフラフラになったりしないように、自分の体や心と相談しながら始めてみましょう。

8

〝マイタイム〟もスケジュールに入れる

では、実際に〝マイタイム〟のスケジュールを立ててみましょう。
まず、ざっくりと一週間の予定を見て、〝マイタイム〟がとれそうな時間を見つけます。

月曜日：娘のテニス教室の間に1時間のウォーキング
火曜日：娘の水泳教室の間に1時間半のヨガ
木曜日：夜娘が寝たあとに自宅で瞑想
土曜日：娘の水泳教室の間に1時間のウォーキング
日曜日：娘が友達と遊んでいる間に図書館

家事のスケジュールもつくってしまいます。我が家の場合は、木曜日がそうじ、週末が洗濯とアイロンがけです。

こうして、一週間のラフなスケジュールを決め、娘が習い事などをやっている間に、私は私で自分のための時間にあてます。

次に、ある一日の流れもお教えしましょう。仕事と家事の合間にこんなふうに〝マイタイム〟をつくります。

6：30　起床、シャワー、朝食
7：50　車で出発、娘を学校に送る
8：00　仕事開始＊
8：15　娘の学校が始まる
（学校の時間割によりますが、娘は学校から13〜14時頃バスで帰ってきます）
16：30　私が帰宅、夕食を簡単につくり、食べる
17：00　家を出発、娘のテニス教室に向かう

17：30-18：30　娘のテニス教室
（私は教室周辺を1時間程度ウォーキングに出ます）
19：00-20：00　帰宅、シャワー、軽食
20：30　娘は就寝、私は読書など
22：00　就寝

＊フィンランドの通常の勤務時間は8時から16時までが基本です。多くの保育園が17時までなので、16時には退社し、仕事が終わらないときは朝早く出勤します。

私が娘のスケジュール（学校や習い事など）を管理しているように、あなたも自分や家族のスケジュールを管理していますね。管理のついでに、自分のための時間も確保してしまいましょう。

私はシングル・マザーですから、〝マイタイム〟を持つためには非常にクリエイティブになる必要がありました。シングル・マザーだからという理由でやりたいことをあきらめるという生き方をしたくなかったのです。人生一度きりなのですから、私

だっていろいろしたいのです。

日本では、女性が子育てや家事をすることが多いですよね。とても忙しいことはよくわかりますし、本来は家族で家事を分担すべきだと思います。

でも、**もし「〝マイタイム〟がほしい」と本当に思ったら、すぐに「無理」と思わず、ちょっとクリエイティブに考えてみてください。**きっと、時間をつくり出すことができるはずです。

9

子どもと一緒に〝マイタイム〟を楽しむ

子どもがいると、四六時中一緒にいて、彼らの関心事につき合わなければならないような気がしますが、**あなたのやりたいことに子どもにつき合ってもらうのも、ときには必要だと思います。**そんなときは、子どもも楽しめるような場所に行ったり、子どもが飽きないものを用意したりするといいですね。

たとえば私は、子どもが小さい頃は、幼稚園や学校の親同士で約束をし、活発に子どもたちを遊ばせていました。交互に子どもを預かったりお泊まりをしたりしました。そうすることで、両方の親がフリーの時間が持てたのです。

さらに、〝マイタイム〟を持ちたいのに、シッターさんが見つからないときもあきらめず、娘同伴で読書会に参加をしたりしていました。娘にも友人と過ごす私の時間を知ってもらうためのよい機会だったと思います。

娘が少し大きくなった頃から、物書きをするために図書館に一緒に連れて行きました。彼女は児童書を読んだり、友達と遊んだりしていました。彼女の友人も一緒に連れて行ったこともあります。

大きくなってくると、少しずつ世話が楽になり、自分のための時間を合間に見つけることができます。最近娘はよく近所の友人宅に行って遊ぶので、その間に私も長いウォーキングに出たり、家でヨガをしたりしています。

フィンランドでは、仕事をしながら幼い子どもを育てている時期を「ラッシュ期」と呼びます。なんとかやれるのは、そのラッシュが子どもの成長によって落ち着いてくるからです。

ラッシュ期に〝マイタイム〟をとるのは簡単ではありません。でも、短時間でも習慣を続けてみてください。小さな種ですが、きっとだんだんと楽になっていく子育ての間に大きな実をつけるはずです。

10

仕事に対する姿勢を変える

あなた、もしくはあなたのパートナーは毎日どのくらい働いていますか？

先ほどお伝えした通り、フィンランド人は基本的に午後4時に仕事を終えて、子どものお迎えなどに向かいます。


私は仕事を家に持ち帰らないこと、週末に仕事をしないことを決めています。

そうすることによって、仕事での疲れをリフレッシュし、よりよく長く働くことができます。今日の仕事が今日中にできない場合は、明日に回します。本当に今日中に必ず仕上げなければならない仕事はそうたくさんはありません。一生懸命に効率よく仕事を就労時間内にし、終わったら、すべてを明日まで置いてしまいます。

いちばん大切なことは、やはり家族であり、自分の健康です。お迎えだって遅れるわけにはいきません。

北欧式の仕事観を取り入れてみて

私も日本で働いたことがありますので、日本人のみなさんが勤勉で優秀であることはよく知っています。でも、ちょっと働きすぎではないかと心配しています。そして、そのことが〝マイタイム〟をとりにくいことにもつながっていると思います。

日本とフィンランドの職場環境が違うことはもちろんわかっていますが、せっかくフィンランド人の本を手にとってくださったのですから、北欧式の仕事観から少しでも取り入れてもらえると嬉しいです。

① 人生、仕事がすべてではありません

もちろん仕事は重要です。でも、ほかにも大切なことがたくさんあります。会社の奴隷になり、健康や家族を損ねないように気をつけています。

② 会社は人生をかけるものではありません

会社は人生を尽くすほどの価値のあるものではありません。社員が一人いなくなっても回っていくのが会社なのです。でも、家族はどうでしょうか。私がいなくなったら回りません。

また、人生のバランスを保つことと、会社に忠義心があることは相反しません。自分を大切にし、燃え尽きないよう、病気や心の病から身を守ることも立派な会社への忠誠心です。

③ 時間ではなく成果を大切にしています

仕事で大事なのは、かけた時間ではなく成果です。大切なのは、長時間いることではなく、いかに効率的に質の高い仕事をするかということです。

④ 仕事、家族、自分自身の心身の健康をバランスよく保ちます

1日24時間を3分割して、8時間が労働、8時間が家族、〝マイタイム〟、習い事や通勤、残りの8時間が睡眠というのが理想です。職場を離れた自由な時間は、仕事のエネルギーを保つためにリフレッシュします。

⑤ お金は稼ぐことより使い方が大事です

仕事はお金を持ってきますが、本当に大切なのは、そのお金を何に使うか、どう使うかということなのです。

⑥ 育児しながらキャリアを積むことは可能です

子育てしながら、キャリアを積むことはもちろん可能です。仕事と子育ては相反するものではありません。

家族で働き方を改革する

これらの働き方については、ぜひ家族で話し合ってみてください。**たとえあなたが長時間労働をしていなくても、パートナーがそういった働き方をしていると、家事育児の負担があなたにだけかかり、それはさらに〝マイタイム〟をつくることや生活のバランスを取ることを難しくしてしまいます。**

フィンランドの親は、交代で子どもの面倒を見ます。たとえば、父親が朝保育園に子どもを送って、夕方は母親がお迎えに行きます。その反対もあります。

フィンランドのビジネス雑誌に掲載されている管理職のビジネスマンの記事でも、子どもの習い事に積極的に参加している様子が多く見られます。これはとてもフィンランド的かもしれません。忙しいキャリアを持っていても、子どもの生活や習い事に親として関わっていたいのです。

人生は一度きりです。その大部分を占める仕事とどのようにつき合うかということは、あなたの人生を左右します。人生において大切なものは何かということを今一度考えてみましょう。

また、**自分の肉体と精神を大切にすることは、最終的に、仕事でも成果を上げ、高い生産性を保つことにつながります。**私にとって、よき社員とは、就労時間に懸命に働き、責任を果たす社員です。同時に、就労時間外は自分を大切にし、睡眠もしっかりとり、エクササイズや家族との時間を大事にするのが本当によき社員だと思います。そうすることによって、職場でも気持ちよく、まわりと協力し、よい関係を築く余裕ができます。

大事なのは、会社に何時間いるか、ということではなく、仕事外の時間をどのように使っているかです。このバランスこそ、あなたが決めることなのです。

11 柔軟に働く

バランスの取れた生活をするために、働き方を柔軟に変えることも選択肢の一つです。特に子どもが幼いときや、出産後仕事に復帰した直後などにはそうした柔軟性が欠かせません。**柔軟性があれば、あなたも自分をケアする時間と体力ができるはず。**人生すべて、バランスが大切です。

フィンランドでフレックス・タイムを利用することは、とても一般的です。利用するのを特に申請する必要もありません。たとえば、子どもの保育園の送迎に合わせて、早く出社・退社することができます。会議中でも、「子どものお迎えがあるので」と言えば、文句を言う人はいません。

子どもが小さい間は、自宅勤務もできます。子育て年代支援のために、多くのフィンランドの会社では体制が整っています。子どもがいなくても、家やリモートで働くと、従業員がより働くことに喜びを感じ、仕事の満足度が上がる、という調査結果もあります。仕事さえきちんとすれば、どこにいてもよいのです。フレックス・タイムほど一般的ではありませんが、少しずつ認知されてきています。

そのほかにも、子どもがある程度大きくなってから職場復帰をしたり、フリーランスで働いたり、自分の会社を起こしたりと、さまざまな働き方がフィンランドでは受け入れられています。

また、自分の生活に合う職場を探すために、転職を何回もする人も増えてきています。世界的には、終身雇用は過去のものになりつつあります。柔軟な姿勢と考え方を持ち、仕事と家庭のバランスを取りながら、あなたの人生の段階に合わせた働き方を探してみましょう。

12

自分の人生をコントロールする

外部の情報とのつき合い方も考え直す必要があります。

私たちは日々、さまざまな情報にさらされ、影響されながら生きています。テレビ番組やＣＭなどのメディアで、「これが〝完ぺきな〟服装、家、生活」と押し付けられ、そうしようと努力したり、買い物をしたりしているかもしれません。そのほかにも、社会の慣習などで、型にはまった生き方を強要されている場合もあるかもしれません。

仕事や家族・家事、社会や日々のニュース、ＳＮＳも影響力を持っています。ほうっておけば、これらはあなたの時間を占領し、あなたの人生を支配しかねません。

最近のフィンランドでは、積極的に自分の人生を管理している人たちがいます。たとえば、テレビを見ないように努めたり、あるいはテレビ自体を持たなかったり、オンデマンドでニュースなど見たい番組だけ見たり。

時間はあっという間に過ぎていきます。メディアに簡単に流されて、ある時間をすべてSNSやテレビにつぎ込んで、本当に生きたい人生を忘れてしまいがちです。必要のないことに時間をかけている場合が多すぎます。SNSばかり見たり、情報に振り回されたり、深く考えもせずに与えられたものを鵜呑みにしたり……。

あなたの生活を振り返ってみてください。インターネット、ショッピング、ニュース、テレビから少し距離を置き、より建設的なことをしてみませんか。**娯楽や情報をただ外から取り込むのではなく、自分から能動的に、何かをしてみるのです。**〝マイタイム〟の確保、エクササイズ、自然や家族とともに時間を過ごす、新しいことを学ぶなど……。

物事との距離を自分で決める

左ページの上の図は、さまざまな要素があなたに影響を与えています。それを、下の図のようにあなたから要素に働きかけるようにする努力をしてみましょう。

つまり、何が自分に影響を与えるのか、どれくらい与えるのか、どの要素が人生にほしいのか、それらはあなたが決めることなのです。受け身で流されるのではなく、自分の人生をしっかり自分自身が管理し、〝何に時間を費やすのか〟をしっかりと整理をするのです。あなたの人生をコントロールするのは、あなたです。**何をするのか、何に影響されるのかは、あなたが責任を持って選ぶのです。**

〝マイタイム〟をつくるには、時間が必要です。そのためにも、自分が何を取り入れるのかを見極めること。人生は宝物です。繊細な花のようなもの。情報やＳＮＳで踏みつぶさないようにしてください。

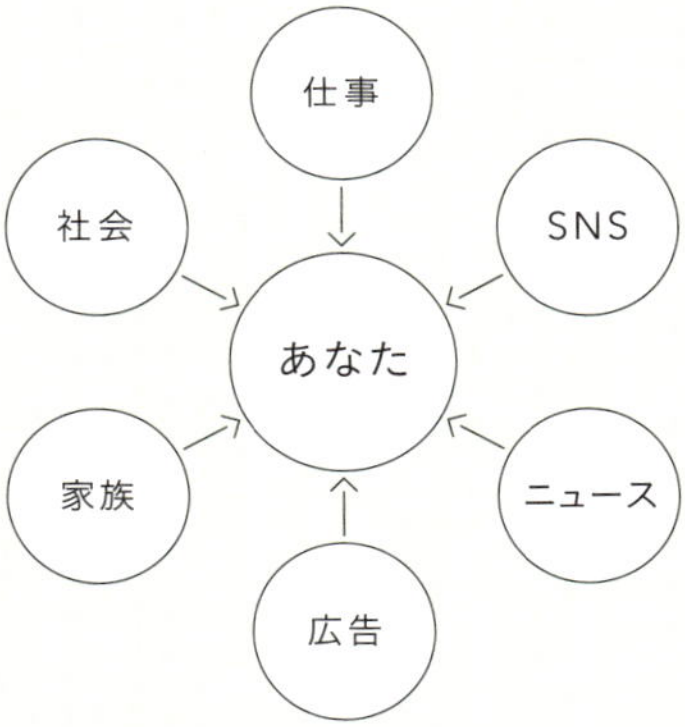

さまざまな要素があなたに働きかけています。

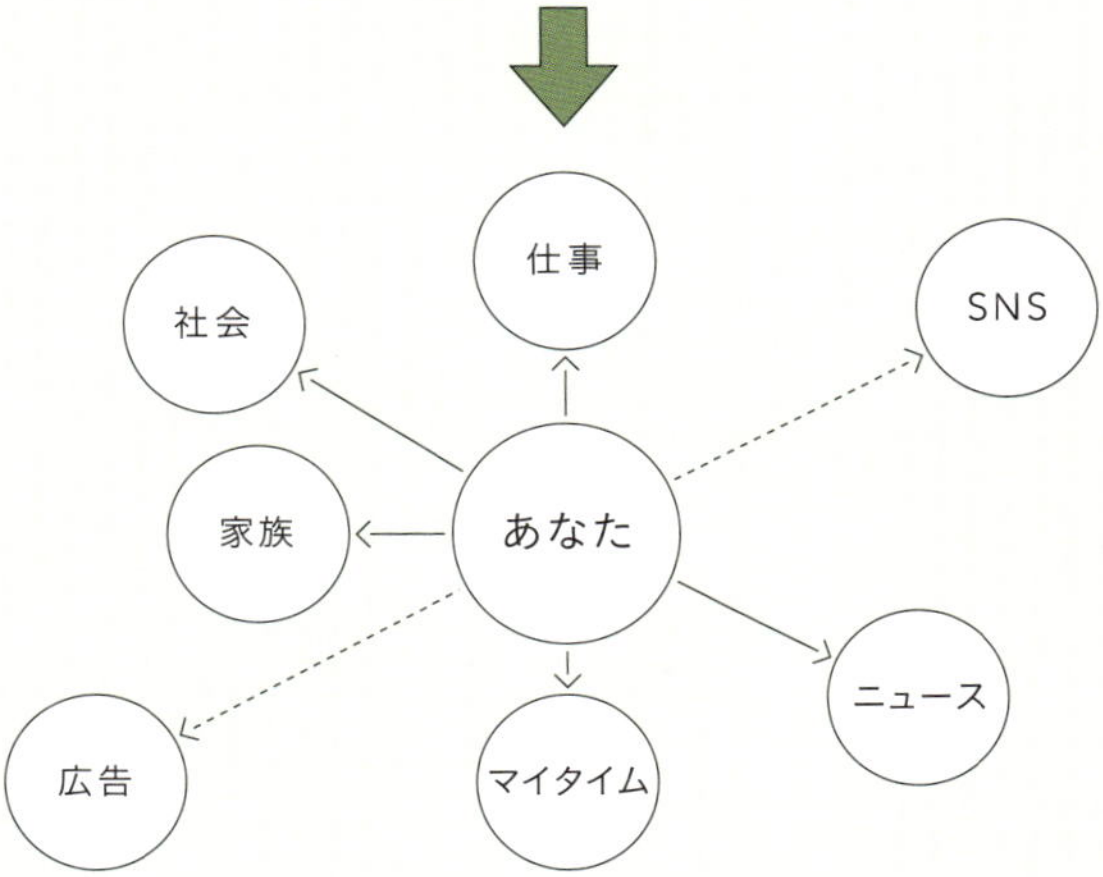

それぞれとの距離を自分で決め、
あなたから働きかける環境にしましょう。

13

「ここまでやればOK」の基準を決める

仕事や家事など、日常生活の中でかなりの時間を使う作業は、自分の中で、「ここまでやればOK」と、基準をあらかじめ決めておくことが大切です。

基準がないと、長時間残業をしたり、際限なくそうじをしてしまったり、エンドレスに高齢の家族や子どもの面倒を見てしまいかねません。その結果、がんばりすぎて倒れてしまったり、余裕がなくなってまわりの人と衝突したり、さまざまなトラブルの元になってしまいます。

では、どのようにこの基準を決めたらよいのでしょうか。

まずは、生活の中で、ルールづくりをしましょう。仕事や家事や育児、介護の

「OKライン」はどこですか？

難しい判断ですが、この本の中で、最も大切な作業の一つです。この判断をしたら、その基準に従うことによって、〝マイタイム〟、さらにはあなたの体力と健康を守ることができるのです。

特に日本の労働環境で、この基準決めは難しい作業であると思います。でも、職場でも少し考えてみてください。たとえば、本当に残業をする必要があるのか。必要な場合は、ルールをつくって、週何回、何時間できるか考えてください。仕事に支配されないようにするのです。

家庭でも同じです。日本では「家事は女性がこなすべき」という伝統的な慣習があります。でも、仕事も家事も一人でやろうとすると、まじめな人ほど疲れ切ってしまいます。無理のない範囲で「OKライン」を決めて、パートナーとできるだけ家事を分担しましょう。

一つの例として、私のルールをご紹介します。

ルール① 残業はしない

私は通常、残業や週末に仕事はしません。退社時間ぴったりに帰り、夕方はメールに返信をしないことで、少し罪悪感はありますが、仕事から完全に離れた時間が必要なのです。仕事以外の時間もしっかりとることで、心身ともにリフレッシュし、創造性・生産性が上昇します。

ルール② 家事は自分の体調を優先する

仕事と違って、やるべきことが終了したかを判断するのが難しいのが、家事です。

私は、何よりも先に、「自分に休養が必要かどうか」を判断します。夕方疲れている場合は、家事はあまりやりません。片付けは短時間にサッと済ませ、食事は簡単にピザを買ったりサンドイッチをつくったりして済ませます。家事よりも睡眠時間やエクササイズのほうが優先です。

ルール③ まず子どもと自分、そのあとに親

また、私はここ6年間、老年の父の面倒も見ています。彼が病気で倒れたときは、彼の家、銀行などの面倒を見、介護をしていました。その頃娘も小さかったので、とにかく疲れ切りました。父の看護師に言われたことは、「まずは娘のことを考えること、そのあとに父のこと」でした。幸運にも父の状態が少しずつ落ち着いてきたので、徐々に自分の生活に戻ることができました。

今でも、まずは自分と娘のことを先にして、父のことはどれだけ余力があるかによってどのように関わるか決めますが、やはりいつも心配ですし、もっと面倒を見てあげたいという気持ちは変わりません。

ポイントは、自分を大切にすること。あなたも、ぜひ仕事や家事のルールづくりをしてみてください。

3章で、さらに詳しくフィンランド流の家事や育児について書いていますので、それらも参考にしてください。

14

〃マイタイム〃について家族と話し合う

〃マイタイム〃を持つときに大切なのが、家族の理解です。

ここまで読んで、「私には〃マイタイム〃が必要だ」と納得できたら、次は家族を説得しましょう。

パートナーとお互いに協力し合う

まず、パートナーと〃マイタイム〃の大切さについて認識を共有しましょう。**仕事と家事で燃え尽きないように、それぞれが〃マイタイム〃をとって、自分のケアをす**

る時間をとることは、結果的に、家族・仕事・パートナーとの関係に有益に働いてくるのです。

そして、お互いの生活に〝マイタイム〟がどのくらいあるか、話し合ってみましょう。もしパートナーだけ〝マイタイム〟があって、あなたにはないのであれば、少し不公平ですね。あなたも趣味や友人との時間がとれるように交渉しましょう。

両方に〝マイタイム〟がほとんどない場合もあります。特に子どもが小さいうちはそうなりがちです。その場合は、お互いどのくらい必要か、何がしたいか話し合い、協力し合えるといいですね。

フィンランド人の私から見ると、日本の女性は家事に育児に介護に（仕事に）と、がんばりすぎです。パートナーや子どもだけがジムやエクササイズに行ったり、お稽古したりするのは、おかしくありませんか？　そう、あなたも自分に目を向けて、リフレッシュをする必要があるのです。もっと家事育児を分担し、自分のケアに時間を使いましょう。ケアしなければ、燃え尽きたり、健康を害したりします。あなたが倒れたら、家庭はどうなってしまうのでしょうか。

家族のために自分を犠牲にするのは一見美しく見えますが、我慢ばかりして精神的にストレスがたまると、パートナーや家族との関係も悪くなってしまいます。

女性が〝マイタイム〟をとることは非常に重要で、家族の問題としてだけでなく、もっと大きな社会問題として取り上げられるべきだと私は思います。日本の女性は、伝統的に責任を負いすぎ、自分を犠牲にしすぎているのではないでしょうか。

親になっても自分を大切にする

「〝マイタイム〟は親にとって、人間にとって、とても大事である」と娘には話しています。最近では彼女を置いて一人でジョギングに出かけることもありますし（携帯電話の普及で、ずいぶん心配が減りました）、預ける先が見つからないときは、私の〝マイタイム〟につき合わせて、読書会に一緒に参加してもらうこともあります。

なぜなら、娘が大人になったときに、自分を大切にし、自分自身のケアをしてほしいと願うからです。私がエクササイズをしたり、早めにベッドに入ったりしているときに、「ああ、ママは自分自身のことを大切にしているんだ」と感じてほしいのです。

また、子どもから離れる時間をつくることは、あなたにとっても、子どもにとっても大切。相手がどうしているのだろう、と思い合う時間は必要なのです。離れていたあとに数時間ぶりに会うと、お互いに嬉しく、親も子どもも、相手に対する関係性が深まるのではないでしょうか。感謝の気持ちが生まれてくる場合もあります。ずっと一緒にいると、相手がいることを当たり前のように思いがちなのです。

フィンランドでは、母親がエクササイズなどをしているときは、父親が子どもに向かって、「今はママの〝マイタイム〟だよ」と説明しているのをよく聞きます。

〝マイタイム〟を通じて、親になっても自分を大切にすること、自分のケアに自分が責任を持つことの大切さを家族で共有することができるといいですね。

15

まわりの人と助け合いながら

フィンランド社会でも、子を持つ親が〝マイタイム〟を持つことは最近の新しい動きです。でも、トレンドではなく、確実に生活の一部になりました。私自身も周りでも、現代人の生活の当たり前なこととして、多くの親が〝マイタイム〟をとっています。また、私の親やその前の世代では考えられなかったと思いますが、〝マイタイム〟について親同士や子どもと一緒に普通に語り合います。

〝マイタイム〟をつくるには、パートナー、友人、家族、シッターさんなど、周りの人の助けが不可欠です。私自身も、シッターさん、娘の友人の親、ご近所の方のお世話になっています。

そうなると、必然的に大人同士のコミュニケーションが必要です。会社でも、コーヒー・ブレイクなどのときに、〝マイタイム〟の大切さや〝マイタイム〟で行っていることについて話し合い、好きなジムなどについて情報交換をします。

フィンランドでは、親がときには子育てから離れることは親にも子にも有益と言われているので、誰も罪の意識を感じたりしません。体のためにエクササイズをし、自分の向上のためにセミナーに行き、友人と会ったりする母親は、後ろ指をさされることもありません。

日本ではどうでしょうか？　もしかしたら、まだ少し難しいかもしれませんね。特に、あなたの親世代の人々は、伝統的な日本の子育ての信奉者かもしれません。でも、同世代を中心にきっと賛同してくれる人がいるはずです。それらの友人などと協力していくことはとても大切です。

〝マイタイム〟を持っていることを会社で普通に語ることは、ある意味では、同僚などに対して、「自分のケアをしているよ」「仕事や子育て以外にも関心がある」「仕事や家族のために自分の健康に気遣っている」「自己啓発に取り組んでいる」という前向きなメッセージになります。

自分と似ている価値観の人を見つけたら、ぜひ〝マイタイム〟について話してみてください。そこから話が広がったり、新たな交流が生まれることもあるはずです。もしかしたら、よりよい情報やネットワークを持っているかもしれません。

COLUMN

1

私の好きな日本

日本の治安のよさは特別です。電車に乗っていて、スリに会う心配はほとんどない。お財布を落としても、たいていお金が入ったまま見つかる。西洋では考えられません。東京で働いていた頃、定期券を落として大変だったことがあります。でも、後日職場に連絡があり、無事私の手元に戻ってきました。

日本では、みんながお互いに助け合う、そんな労わり合いの思想が生きているとしみじみ思うのです。

個人を尊重する西欧社会の考え方をもちろん支持していますが、同時に日本の〝集団社会〟を大切にする姿勢も好きです。両方あるのが理想的だと思います。

東京に住んでいたとき、よくランニングをしていました。ある冬、雪の中を走っていると、真っ赤な椿が満開に咲いているのです。フィンランドでは雪が降る時期は植物はまったく見当たらず、雪が解けて、初めて自然が目覚め新しい生命が噴出するので、日本の雪と椿は印象的でした。

また、日本では木蓮の花が突然いっぱいに咲きます。フィンランドには木蓮はほとんど見ませんので、あのような大きな美しい花が、葉っぱ一つない幹から咲き出すのが不思議でたまりません。

早朝の寂しげなお寺の鐘の音、夏の暑い日にやかましいくらいに鳴く蝉の声も忘れられません。

夏の暗い夜も好きです。フィンランドの夏は、真っ暗になることがありません。まっくらで同時に暑い気候はフィンランドにはないのです。

娘がお腹にいたころ、英国に住んでいました。何か素敵な名前がないか探していて、命名本をたくさん買ったところ、その中に「アマヤ」という名前がありました。

漢字で書くと「雨夜」です。初めての子どもでしたから、とても不安でしたし、私の生活がどのように変わるのかドキドキしていました。でも、この名前に出会って、きっと落ち着いた優しい子どもになるだろうと思いました。私は、雨が大好き。気分が落ち着く雨音、浄められ、澄んでいく空気。私自身がそのような平安を必要としていたのかもしれません。

そして、日本の名前、私の心の故郷である日本にちなむ名前の雨夜が生まれました。本当に癒しをもたらす子でした。よく食べ、よく眠り、手のかからない子どもでした。

江戸時代の僧侶であり歌人・良寛の詩はとても心が落ち着きます。日本を離れてから、より好きになりました。日本が恋しくなると良寛を読み、彼がしたように、自分を自然の中に置くようにしました。良寛の詩は、自然をありのままに愛でることを教えてくれます。花、山々、雨、月など、自然を身近に感じ、謙虚に生きること。子どもがいなかったら、僧院に入って尼さんになっていたかもしれません。良寛の生き方や価値観を想い、日々を大切に過ごすようにしています。

1章

自分をもっと大切にする
“マイタイム”のはじめ方

2 章

自分を再発見する “マイタイム”の楽しみ方

16

ざっくりとした予定をつくっておく

本章では、〝マイタイム〟の楽しみ方について具体的にお伝えしていきます。
何度もお伝えしているように、あなたがリフレッシュできれば何でもいいのですが、ヒントにしていただければと思います。

たとえば、日常的なエクササイズや自然の中で過ごす、友人と語り合う……。
そのほかにも、日常生活から離れたこと、普段自分がしないことをするのもいいですね。美術館、博物館、スポーツジム、公園、図書館、新しい趣味の教室などに行ってみたり……。

仕事に関係ないことをするのもリフレッシュになります。仕事でアートやメディアに関わっている場合は、アートに関係ないこと、たとえば科学関連の本を読むとか、エクササイズがおすすめです。また、初めての土地に日帰り旅行、友人とハイキングなどいかがでしょう。

自分の想いや夢を見つめ直したい人は、週に1回ノートとペンを片手にカフェに行って、はじめの一歩を踏み出す。ずっとやりたかったこと、あるのではないでしょうか？

大切なのは、〝マイタイム〟では綿密な手の込んだスケジュールを立てないことです。予定を立てるとそれをこなすことに疲れ切ってしまい、本来の意味がなくなります。柔軟に、やりたいことをいくつか選び、だいたいの時間にやってみる。

私は、まずエクササイズをして、もう一つ何かをやってみます。たとえば、今この本を書いていますから、日常的にはウォーキングをしながら仏教・マインドフルネスのオーディオ・ブックを聞き、週1回アシャンタ・ヨガに通っています。ときには1時間何も聞かないで、頭を自由にしてあげます。半年過ぎたら、生活や習慣も変わるかもしれませんが、そのときには自己啓発やビジネス本にチャレンジするかも。

ただし、〝マイタイム〟ができたときに何をするか（したいか）は決めておいてください ね。そうしないと、ついついテレビを見たり、SNSをしたりして、あっという間に時間が経ってしまいます。「テレビを見る」「SNSに投稿する」と決めてやるのはもちろんいいのですが、情報とどうつき合うかについては、態度を決めておくほうがいいでしょう。

先日、娘に「ママはいつも本を持っているのね」と言われました。毎日何が起きるかわかりませんし、思いがけず時間ができることもあるのです。じっと何もしないで待つのは嫌なので、読書をしたりします。娘の水泳教室に行くと、あるママは、いつも編み物をしています。ここ2年の間で、マフラー、靴下、セーターを何枚編んだのかしら、と感心しています。

2章

自分を再発見する
“マイタイム”の楽しみ方

17

日常的にエクササイズをする

子どもは毎日数時間、大人は週に2〜3回、日常的にエクササイズをすると健康によいとされています。適度な運動は、心臓病、ガン、糖尿病、肥満、その他の病気を防ぎ、体を丈夫にし、精神的な安定をもたらします。また、グループ・エクササイズで友人、家族などと交流を深めることもできるでしょう。

フィンランドでは、ウォーキングやノルディックウォーキング（2本のポールを使った歩行運動）がとても人気です。これは、フィンランド人にとって、「エクササイズ＝屋外や自然を楽しむこと」だからです。夕暮れの情景や自然を楽しみながらのエクササイズは最高のリフレッシュにもなります。

日本には、フィンランドほど生活の一環としてエクササイズをする習慣はないと思いますが、私が日本に住んでいたときは、午後8時に帰宅し、そのままジョギングに行ったり、朝早く起きて、仕事の前にジョギングをしたりしていました。

忙しい生活の中にエクササイズを取り入れることは、かなり厳しく自己管理をしないといけませんが、エクササイズの効果と心身ともに感じるゆとりは何ものにも代えがたいものです。

オフィスでの長い一日のあと、一日中歩き回ったあと、多くの接客をこなしたあと、エクササイズはあなたをリフレッシュさせてくれます。仕事が終わり、満員電車に乗って家につき、楽な部屋着に着替え、ゆったりと近くの公園や川辺を散歩する。そんな夕方~夜の軽いエクササイズは、体をリセットし、睡眠を促し、ストレス解消にもなります。働く意欲を促進し、エネルギーで満たしてくれます。また、長めの散歩をすることによって、精神的にも落ち着き、さまざまな問題を解決してくれることもあります。

日常の習慣としてエクササイズをするということは、何もアスリートになることではなく、毎日の生活の中に、食事をする、寝るのと同じようにエクササイズを組み込む、ということです。

今の自分にいちばん合うエクササイズを見つけて

大切なのは、肉体的にも精神的にも、今の自分にいちばん合ったエクササイズを見つけることです。あなたが気に入って、今のライフスタイルにいちばん適切なものがよいでしょう。

肉体は年齢とともに変わっていきますから、若い頃にやっていたエクササイズが今も最適とは限りません。また、年齢を重ねると、エクササイズで目指す体も変えるべきでしょう。40代以降は、筋肉やバランス感覚を保ち、転ばないようなしなやかな体づくりが大切です。

私は一人でエクササイズをするのが好きです。一人でジョギング、一人でウォーキングをすることによって、頭をクリアにし、エクササイズ中に仕事や生活の問題の解決策を探します。

一人が苦手な人はグループ・スポーツがおすすめ。たとえばヨガの教室、ジムのグループ・エクササイズ、武道など。そこで新しい友情が芽生えるかもしれません。

職場の人とエクササイズする人もいます。サッカーチームをつくったり、ヨガをしたり、一緒にジョギングをしたりしています。同僚を誘ってみてはどうでしょう。

エクササイズにお金をかける必要もありません。ウエアだって、楽な衣服とはきやすい靴で十分。有酸素運動として、まずは長めのウォーキングはいかがでしょうか。ウォーキングやジョギングは、家から外に出るだけでできますから、いたって簡単。

また、会社へ自転車通勤、会社から歩いて帰ってくる（数駅分）など、楽に取り入れるのがフィンランド流です。通勤ルートをちょっと変えて歩いてみる、エレベーターではなく、階段を使うなど、身近なことから始めてはいかがでしょうか。

18

たっぷりと休養をとる

少しでも疲れていると感じるときは、できるだけ早く休養の時間をとりましょう。今世界的にも話題になっているのが、睡眠の大切さです。よい睡眠は、心身を健康にするだけでなく、仕事のパフォーマンスを上げ、他者との交流にもよい影響をもたらすことがわかっています。**〝マイタイム〟は自分への投資の時間ですから、もし「睡眠が必要だ」と感じたら、ためらわず〝マイタイム〟を睡眠にあてましょう。**

いつも家族の世話をしていた時間を、自分のケアの時間にすること。もしかしたら躊躇《ちゅうちょ》するかもしれませんね。でも、あなたが残業やストレスで疲労困憊、しまいには病気になったら、元も子もありません。だから、自分の精神と肉体の健康を気遣うことが大切なのです。

フィンランドでは、「人のことをやる前に、まず自分のこと」と、よく言われます。つまり、「誰もあなたの面倒を見てくれないのだから、あなたには自分の面倒を見る責任がある」ということなのです。まず、自分の面倒を見てから、人に手を差し伸べるのです。

私が突然倒れてしまったら、娘のためには何にもなりません。誰が彼女の面倒を見るのでしょうか？　また、誰が私の代わりに仕事をするのでしょう。

私が学んだ大切なこと。それは、**自分自身の精神的・体力的な限界を知り、その限界になる前にストップする方法を知ることです。**また、疲れてきた自分の体や精神が送る信号、もう限界で休養が必要というサインを知ることも大切です。でも、この限界を知ることはなかなか至難の技で、私も未だに試行錯誤している最中。常に自分に言い聞かせていることは、働きすぎのサインを見逃さない、そして自分の身にたくさんの責任を背負っているということをしっかり認識することです。

日常的に気をつけていることは、睡眠を十分にとること。平日はなかなかそうもいきませんので、週末、金曜日・土曜日の夜はたっぷり寝ます。娘もそのことを知っています。週日は私がいちばんに起きているのだから、週末は、ちょっと寝だめをするのは当然です。

疲れ切ったときの対処法を決めておく

それでもときどき疲れすぎてどうしようもないこともあります。そういう場合でも大丈夫、必ず終わりがあり、その状態も通り過ぎていきます。

そうなったときの対処法は、**やることを本当に生きていくために必要なことだけに絞ります**。食事も手づくりをやめて、冷凍食品などを買ってきてしまいます。しばらくはいつもより多く睡眠をとり、癒されること、楽しいことだけをします。

たとえば、好きな本を読む、気に入ったテレビ番組を見る、自然の中を散歩する、ケーキを焼く、好きなお料理をする……。そんな感じでちょっとだけ自分をかわいがっていると、1〜2日で疲労感が抜けてきます。
あなたが疲れたときにリラックスやリフレッシュできる方法をリストにしましょう。日常生活の中で無理なくできることがいいでしょう。

ときには抜本的に自分の生活を振り返り、あまりにもたくさんのことに取り組んでいないか見直してみましょう。必要ないことは、やめるか、減らします。
たとえば習い事で世話役になったり、遠い親戚の問題を手助けしたり、あなたでなくてもできること、重要でないのに手間をかけていることはありませんか？　まず大切なのは、自分と自分の家族の世話ができるパワーがあるかどうかです。ときには、それらの立場をお休みして、もう一度取り組めるまで、力と時間を蓄えることも必要です。

大切なのは、自分の精神的・肉体的な限界を知ること、自分のよき状態を保つ方法を知ること、「もう限界」のサインを察知し、すぐに休養をとることです。

19

自分の趣味を持つ

フィンランドでも、よくこんな話を聞きます。英語やフランス語が話せたらいいのに。インテリアの勉強をしたら楽しいと思う。編み物や洋服づくりがしてみたい。水彩画もいいわ。時間があったらやるわ、いつかね……。

そんな「いつかやりたいこと」、〝マイタイム〟でやってしまいましょう。

趣味を持って、家庭や仕事とは違う自分を持つことはよいことです。趣味の時間は、自分の別の顔や性格を知る機会でもあります。新しい友達との出会いもあります。いつもと違うことをすることは脳への刺激にもなり、思考や行動に新しい視点を与えてくれます。

忙しさを理由にあきらめず、自分の好きなことをやってみましょう。よく言われることですが、忙しい人ほど、いろいろなことを成し遂げています。いくらでも時間があるときとは違い、意識して時間を管理するからだと思います。

繰り返しになりますが、**趣味は人生に違う意味合いと風を吹き込んでくれるのです**。新しい視点とインスピレーションを与えてくれます。趣味が高じて仕事になる人もいます。好きなことをやってみることによって、思いがけない人との出会い、人生が開けてくるのです。突然新しい世界が開けるかもしれません。忙しいなんて言っていられませんよね。

1章でつくった「やりたいことリスト」の中から、実際にできそうなことに取り組んでみましょう。

まずは、情報収集から始めましょう。あなたの生活の中で実現できそうですか？たとえば、英語を勉強してみたければ、夜や週末に参加できる教室はありますか？オンラインで学ぶことができそうでしょうか？

20

2人以上で過ごす

〝マイタイム〟は必ずしも一人でいる必要はありません。

子育てをしている場合、特に子どもが幼い場合、孤立した生活を送りがちです。友達づき合い、新しい人との出会いに時間がない場合がほとんどです。でも、**〝マイタイム〟があれば、他の人との交流やネットワークを広げることができる素晴らしいチャンスになります。**

〝マイタイム〟で、2人以上でできることはたくさんあります。

たとえば、前項で紹介したように趣味のグループや教室に入ったり、友人と一緒に散歩をしたり、ボランティアをするのはどうでしょうか？

私は、娘がお稽古事をしている間に一人で〝マイタイム〟を過ごすことが多いです。しかし最近、しばらくお休みをしていたヨガ教室を再開しました。毎週同じヨガ仲間と合流し、先生の指導を受け、その後はみんなで新しいタイプのヨガの話、健康や体の事など、さまざまな話題を楽しみます。違った価値観を持っている人たちと交流するのはとても新鮮です。

どちらかと言えば初対面では緊張するほうですが、会ってみると新しい人や違う世界の事を知ることができるので、ワクワクして楽しいです。〝マイタイム〟のときに、ちょっとだけ勇気をだして、こうしたチャレンジをしてみると、新しい出会いや体験ができ、本当に貴重な時間になります。

もちろん、家族と一緒に〝マイタイム〟を過ごすこともあります。私は娘と一緒に〝マイタイム〟を過ごすこともあります。ウォーキングやサイクリング、海や川のそばでのミニ瞑想に娘を誘ったりします。もちろん〝マイタイム〟なので、自分の健康や体型維持、自然を楽しみ仕事や家事のストレスを癒したりするのが目的ですが、同時に娘にも〝マイタイム〟で私が何をしているのか知ってほしいという想いもあります。彼女にも将来的に、そのように自分のケアをしてほしいからです。

参加してみたいセミナーや集まりはありますか？　体験してみたい教室などをリストにしてみてください。友人を誘って公園・川べり、海、森などをウォーキングしてみてください。

自分を再発見する
“マイタイム”の楽しみ方

21

パートナーとのカップルタイムをつくる

仕事や子育て、介護に必死になっているとき、パートナーは戦友のようになり、カップルであることすら忘れてしまうことがありますよね。

フィンランドでは、幸せを実感している夫婦は日常的に2人だけの時間をつくっています。子ども抜きでデートをしたり、2人で旅行に行く人もいます。その間は、おじいちゃん・おばあちゃん、きょうだいなどが子どもの面倒を見てくれます。

カップルタイムは、〝マイタイム〟のカップル版です。子ども抜きで、カップルとしての関係性を強めてくれます。

パートナーと特別な日を企画してみましょう。コンサートに行ったり、ピクニックやスポーツもいいですね。また、日常的にパートナーと2人だけで何かに取り組むこともおすすめです。たとえば、子どもがまだいなかった頃のように月に1回デートをしてみたりしては？

私たちの生活は、見事に子どもや仕事のスケジュールに管理されています。娘から離れたときに初めて気づかされるのです。自分の心身の健康のためにも、自分にとって最も自然な時間で動くことは大事なことです。

家庭や責任から少しだけ離れることによって、充電もできます。そうすることは、パートナーとの関係にもよい影響があるのです。パートナーとの関係を大切に、常に意識してより強いものにしていくことは、忙しい家庭・仕事のバランスにも大いにプラスなことです。

22

友人を忘れずに

生活が慌ただしいと、カップルタイムと同様に忘れてしまいがちなのが友人です。でも、友人は宝物。真の友人は何でも話せ、心理的なサポートをしてくれます。友人と話すことによって、自分は一人ではないと実感でき、ホッとできますね。また、よきアドバイスももらえます。何より、思い切りリラックスして楽しく過ごせる大切な時間です。

どんなに忙しくても、友情は大事にしてください。もちろん大変なのはわかっています。でも大切なのです。友情に費やした時間と心使いは、必ず倍になって戻ってきます。

新しい友人をつくるチャンス

現在近しい友人はいないと思うあなた、それは決して珍しいことではありません。育児や介護中には、時間がなくてどうしても友人関係は後回しになってしまいがちです。また、人生や生活のステージが違うとどうしても疎遠になりがちです。たとえば、育児中には独身の友人とは時間や過ごし方が合わなくなってしまうものですし、あなたが独身の頃には逆の立場になったこともあったのではないでしょうか。

そんなときは**無理に旧友と過ごそうとせず、〝マイタイム〟を使って新しい友情を築いてみましょう。**職場、趣味、ボランティア活動、興味が同じ人、子どもの友人の親、子どものお稽古仲間の親、公園のパパやママなど。新しい友人に会う機会はたくさんあります。自分がアクティブなら友人も増えます。電話が鳴るのを待っていないで、自分から第一歩を踏み出してください。

幸運にも私たち現代人には、友情をつなげていく方法はたくさんあります。SNSもありますし、携帯電話やメールなどでつながっていることもできます。どんなメディアでもかまいませんが、ぜひ自分からアプローチしてみてください。

友人によっては、何年会っていなくても、スーッと元の関係に戻れる人もあります。しばらく連絡していなくても自分の生活や状況が変われば、またグッと親しくなる人もいます。

友人は健全な社会生活に欠かせない

フィンランドでは、子ども抜きで、カップル同士で会う機会をつくります。食事をしたり、飲みに行ったり、夏には野外コンサート、お互いの家でパーティなど。私は、友人をウォーキングに誘ったり、エクササイズを一緒にしたり。映画や展覧会にも行きますよ。レストランでの食事、お茶もありですね。

友人関係は、健全な社会生活にとってとても大切です。

さらに、これらの友人たちは、いざというときの大きなサポートとなってくれます。でも、相手からの見返りばかりを期待した友情は続きません。双方が対等に楽しい時間を過ごし、サポートし合うことが大切なのです。

〝マイタイム〟を使って、ぜひ友人と過ごしてください。仕事でも家庭でもないリラックスできる人間関係は、バランスの取れた人生に不可欠な要素なのです。

23

「ミニ瞑想」で心を整える

〝マイタイム〟にぜひともおすすめしたいのは、ヨガと瞑想。私自身は、ヨガは何年もやっていますし、瞑想もここ数年取り入れています。両方とも、自分自身のまわりと心の中に空間を保つことができ、経験を積んでいくと人生の見方も変わってきます。

ヨガや瞑想の基本は、受け入れの精神です。そのときのありのままの自分を発見し、許容することを教えてくれます。また、落ち着かせてくれ、心配や緊張、ストレスといった否定的な感情を取り除いてくれます。

数年前、私はストレスで疲労困憊の時期がありました。心身ともにペースを落とす必要があり、瞑想も自分で始めました。もちろん専門家ではありませんから、とりあえず少しずつ始めようと思い、自分流の「ミニ瞑想」をやりだしました。

サマーコテージの近くにある湖に面した岩の上に腰かけ、数分、ただただ湖を眺め、向こう岸を見つめていました。何も考えないようにしました。ただ座って、静かに大きく呼吸し、自分がただそこに存在することに集中しました。たとえ5分でも、とても効果を感じました。

ミニ瞑想はどこでもできます。たとえば、週末好きなカフェに行き、静かに座って、心を穏やかにする。まわりの人を観察したり、歩いている人を眺めたり、カフェの窓越しから木々をみたり。間違ってもスマホでＬＩＮＥやネットサーフィンはしませんよ。好きな本を読んだり、日記を書いたり。自分の心を静かにし、ゆったりと落ち着かせるのです。それでもさまざまな想いが浮かんでくるかもしれませんが、それでもいいのです。練習を続けるのです。

ヨガや瞑想のある生活を続けていると、練習をしていなくても、その落ち着いた気持ちを保ち続けることができるようになってきます。

ヨガや瞑想の種類も豊富なので、いろいろ楽しみながら調べてみてください。

24

大切にすべきものについて考える

最近、フィンランド人の価値観についての調査（新聞社12社による合同会社による）の結果が発表されました。

それによると、大切にしている価値観の1位は「愛する人々が幸せで健康に過ごせていること」、2位は「それぞれの心の平安と幸せ」、3位は「正義感」でした。一方、「ワクワクする生活」「宗教」「娯楽」といった項目は下位でした。

これらはフィンランドだけでなく北欧の国に共通の価値観で、お互いに思いやり、仕事とプライベートのバランスを保ち、物質的で過剰な消費と豪勢なライフスタイルよりも内面的な幸福・平安・充足感を追求することを好む人たちであるということを示しています。そして、それこそが、北欧の国々が幸せ度や国の健全度調査を行った場合に上位に位置する理由なのかもしれません。

さて、日本の、そしてあなたの価値観、大切にするものは何でしょうか?
私は何も、日本のみなさんにフィンランド式の価値観を押しつけたりするつもりはありません。日本で暮らしていた経験から、日本の好きなところもたくさんあります。たとえば、生活の中に仏教的な考え方や習慣があったりすること、宗教について非常におおらかであること、人に対する思いやりの精神、個人主義ではなく人の和を大切にしているところなど……他にもたくさんあります。

大切なのは、自分の価値観を確立することだと思います。そして、今の生活と日々に対して感謝をすること、そして周囲と社会に融合しながらできるだけ偽りのない幸せな人生を送ることです。
あなたに合った心地よい生き方、自分の価値観を見つけてください。

でも、慌ただしい毎日にそんなことを考えている時間はない？　こんなことこそ、ぜひ〝マイタイム〟に考えてください。

私は〝マイタイム〟にウォーキングやサイクリングをしながらさまざまなことを振り返っています。常にノートを持ち歩き、アイディアを書き留めています。毎日日記をつけている訳ではありませんが、自分の考えを明瞭にしたり将来について考えたりするときにツールとして使います。ときどき昔のノートをみて、実際に起きたことと比べたり、私ってこんなことが好きだったんだと気づいたりします。

そうやって、だんだん自分が好きなこと、大切にしていることを確立していってみてください。

2章

自分を再発見する“マイタイム”の楽しみ方

25

将来について考える

人生に困難やトラブルはつきもの。どんなに幸運な人でも、まったく悩みのない人生というのはないといっていいでしょう。

たとえば、失業を含む仕事の問題、経済的なトラブル、離婚の危機、成長していく子どもの学習・生活・病気などの問題といった立ちはだかる壁は、避けようがありません。

大切なことは、問題が起きたときに立ち向かえる手段を持ち、ただ茫然としたり、絶望したりしないようにすることです。大事なのは、困難に対して、より現実的、言ってみれば落ち着いた冷静な態度で立ち向かうことです。

〝マイタイム〟を使ってこれらの起こりうる問題について事前に考えることから始めましょう。**起きたときに備えて、道具となる自分の引き出しを増やしておき、あわよくば事前に予防をするのです。**

さらに、〝マイタイム〟は、そんな問題にぶつかったときに客観視させてくれ、また解決法も考えられる機会になります。たとえば、一人でウォーキングをしていると、ハッと何か思いつくこともあるはず。余裕を持った時間、空間そしてエクササイズが効果的です。

何か大きな心配事を抱えた、悪いことばかりが重なる、そんなときもありますが、事前になんとなく対処法を考えていたとしたら、心配も軽くなりますね。どんな問題も解決しては次の問題が現れますが、何が起きても常に前向きに前進していれば、心配も薄れてきます。希望は必ずあり、必要なときは助けもきます。

COLUMN

2

フィンランド人はサマーコテージが大好き

他のヨーロッパ諸国やアメリカと比べて、フィンランド人は、より健康を意識し、エクササイズをしたり、屋外や自然の中で時間を過ごしたりしています。特に外の新鮮な空気に触れながらのスポーツを好み、一年中自転車で通勤をする人もたくさんいます。

もともとフィンランド人にとって、空間は大切な財産でした。国自体日本よりも面積が広く、たくさんの森や自然に囲まれています。大昔は、森に住み農家を営む猟師と呼ばれ、畑をつくりながら、森の中でベリーを採取し、狩りをしていたのがフィンランド人です。

「湖と森の国」と言われるフィンランドでの典型的なリセットの仕方は、サマーコテージに滞在することです。ほとんどのフィンランド人は、湖や海の近くにサマーコテージを持っていて、長い夏休み（一般的に4週間くらい休みます）や週末になるとサマーコテージに行きます。「サマー」コテージという呼び方をしますが、利用するのは夏だけではありません。さまざまな季節に窓の外の景色が変わるだけで、リラックスできます。

サマーコテージの近くの静かな湖畔や森の中で時間を過ごす。暖炉用の薪を切ったり、サウナを温めたりする、そうした何でもない日常のようなことがフィンランド人の癒しなのです。

いつも一人でサマーコテージに行く人。家事や家族を置いて、友人同士で週末に出かける人たち。父親が幼少の子どもの面倒をみて、母娘だけでガールズ・ウイークエンドを過ごすこともあります。

私はサマーコテージに行くと、ほとんどの時間を屋外で過ごしています。森林でガーデニングをしたり、庭のそうじをしたり、ベランダで休憩しながら、目前に広がる湖を見つめながら、読書をしたり、食事をしたり、執筆したりします。

バルコニーに出ると、湖の上を飛び回る鳥を見たり、そよ風に吹かれたり、小鳥が巣の中で食べ物をせがむ鳴き声を聞いたり、天候の変化を見たり、松の香りを吸い込んだり、白樺の葉音を聞いたり、森でさまざまな種類のベリーを摘んだり。バーベキューをして屋外で食べたりもします。

日々の喧噪から離れ、自然の中で本来の自分に戻れる気がするのです。

2 章

自分を再発見する
“マイタイム”の楽しみ方

3章

家事と育児は完ぺきを目指さない

26

ピカピカな家にすることより大切なこと

フィンランドでよく言われていることは、**「チリ一つ落ちていない家を保つよりも、充実した日々のほうが大切」**ということです。

フィンランドには専業主婦はほとんどいませんが、専業主婦だって、よほど時間があって家事が大好きという人でない限りは完ぺきにする必要はないと思います。

表面的に完ぺきに見える人生を送るのではなく、大事なのは、中身ではありませんか？　私は**自分の人生に満足し、幸せで明るい人間関係を築いていることがいちばんだと思います。**

人生を充実させるためには、完ぺきを目指さないということが大切。だからと言ってフィンランドの人たちがみんな汚い家に住んでいるわけではありませんよ。でも、何時間もかけて家をきれいにするのは何のためでしょうか。誰かに褒められたいため？　完ぺきな妻（夫）になるため？　女性雑誌に載っているような華やかで美しい人生を送るため？

家事の時間を〝マイタイム〟に

自分の生き方に自信がある人は、往々にしてお片付けはほどほどに、人生をエンジョイしています。ピカピカな家にするよりも、もっと楽しく時間と人生を使っているのです。そしてお片付けとは違う充実感を味わっています。

たとえばあなたが一週間で合計3時間おそうじに費やしているとします。2時間をおそうじにして、残りの時間を〝マイタイム〟や家族と過ごす時間にしたらどうでしょう。または、1時間をそうじ、残りはエクササイズやガーデニング、または子どもやパートナーと新しいチャレンジをする、そんな時間にしては？
これは、可能性の一つでみんな自由に選ぶことができます。

日常のそうじについては、ラフなスケジュールを立てると楽です。私は、木曜日をそうじの日にあて、家中のそうじ機・モップがけをして、きれいな週末を迎えます。たとえ水曜日にちょっと気になるなぁと思っても、明日がそうじの日だからと自分に言い聞かせ、ウォーキングに行ったり、早寝をしたり、本を読んだりします（家事のスケジュールについてはあとで詳しく紹介します）。

日本人に教わった「5分間ルール」

私が重宝している「5分間ルール」をご紹介しましょう。実は昔日本の友人に聞いた方法です。時間がかかるだろう、大変だろうと思う家事は、先延ばしにしてしまいがち。そんなとき、**「5分だけこれをやろう」「5分でできる」と自分で決めてから始**

めるのです。最終的には5分以上かかってしまう場合もありますが、「5分だけ」と思うと始めやすいです。

また、「5分間ルール」は、物事を完ぺきにやることを目指すのではなく、「まあ、これくらいでいいでしょう」という程度で終わらせるということでもあります。ズルズル先延ばしするよりも、さっと簡単に片付けたほうがすっきりすること、間違いなしです。

いずれにしても**家事は、「このくらいでいいじゃない」という態度がおすすめです。**そして、家族と家事を分担してください。フィンランド人は、そんなリラックスをした態度で生きています。

いつも完ぺきを目指すのは止めましょう。大事なのは、バランス。疲れ切らないことが大事です。

27

家事はファミリー総動員

フィンランドでは、家事は家族で分担するのが一般的です。料理、子どもたちの保育園の送迎、食材の買い物、食器洗い、子どものお守、子どものサッカー、バレエ、ピアノなどのお稽古事の送迎、宿題の手伝い、寝かしつけ、読み聞かせ、子どもを歯医者や医者に連れて行くこと、病気の子どもの看病など、家事と家族に関わることすべてに男性も積極的に関わるのです。

これは、北欧の国々に共通しています。**男性が家庭に関わることで、女性の負担が減るだけではなく、男性も仕事のストレスから解放され、家庭という別世界で一息つけるのです。**

あなたの家庭ではどうでしょうか?

日本では、食事の準備、そうじ、子育ては伝統的に女性の仕事とされてきました。でも、それは専業主婦が主流で、かつ大家族で暮らし、祖父母に手伝ってもらいながら子育てができたおおらかな時代だったからです。女性も働いたり、夫婦だけで子育てを担うことが多い今、家族で分担しなければ時間がいくらあっても足りません。

子どもにも家事を教える意義

「家族で分担」と書きましたが、これはパートナーだけでなく、子どもにも家事を手伝ってもらうということです。

私が子どもの頃から、フィンランドではどの家庭も家族総動員で週末のそうじをしていました。現在では、私が床のそうじ機とモップ拭きをしていると、娘は自分の部屋のお片付けをし、リサイクルのビン類を店に持って行ってくれます(フィンランドでは、有料でビンを引き取ってくれます)。

私がすべてやってしまったら、彼女はそうじの仕方もわかりませんし、片付いた部屋のありがたみもわかりません。家事は自動的にすべて済まされるわけではないのです。自分の部屋のそうじと多少の家事は子どもでもできます。

「家族全員でやる」という意識が大事

日本はそもそも勤務時間が長いので、フィンランドほど平等には分担できないかもしれませんね。でも、**「家事は母親だけがするものではなく、家族全員ですべきこと」という合意ができているだけでも、ぐんと楽になります。**

家事や家庭の管理が家族全員に分担されていると、一人の親の責任ではなくなります。一人がそうじをしていたら、自分もやらなければと思いますよね。平日は仕事で忙しく、パートナーに家事を任せっぱなしだとしたら、週末は自分ががんばろうと思うのではないでしょうか。

こうすることによって、それぞれが他の事をする時間、たとえば仕事、趣味、友人関係、健康づくり、〝マイタイム〟の確保などができるのです。

ときとして、私たちは思い込みで、母親とは家事好き・料理好きなんだと思ってしまいます。でも、家事全部をやっているその母親の本音を聞いたことがありますか？ また、手伝います！ といったことがありますか？ 家庭は、みんなで責任を分担し、お互いを思いやる場所であるはず、ですね。

28

家事はスケジュール表で管理

シングル・マザー兼ワーキング・マザーの私の毎日はなかなかの忙しさ。そこで、毎週家事スケジュールを立てるようにしています。スケジュールをつくると、やるべきことが片付くだけではなく、心身ともに自由な時間を確保でき、気持ちも楽です。

私にとって**大事なのは、仕事と家庭をバランスよく両立させること（もちろん〝マイタイム〟も）**。そのためには、家事を１００％完ぺきにすることに意味はありません。これは私の母親世代から共通の認識でしたので、家事が完ぺきでないのは当たり前、家族みんなで協力する、フィンランドの典型的な家庭でした。

家庭においても「力をいれないで楽に」が私の主義で、これもフィンランド的思考です。人生は家事以外にやりたいことがたくさんあるのですから。

私の一週間の家事スケジュールは、次の通りです。

・木曜日：そうじの日

家じゅうを片付けし、そうじ機・モップ掛けをする。娘は自分の部屋を片付ける。

・土曜日・日曜日：洗濯とアイロンがけの日

大概土曜日に洗濯、日曜日にアイロンがけになります。環境や衣服によくないので乾燥機は使用しません。

・土曜日・日曜日：一週間分の買い物の日

平日は買い物に行きません。大きなスーパーで一気に買い物を済ませ、足りなくなったもののみ買うようにすると時間のセーブにもなります。

散らかっていても「まだいいのよ」の余裕を

何曜日に何をする、と決めていると、時間の余裕ができます。たとえ週のはじめに少し家が散らかっていても、木曜日まで手を付けません。「木曜にするんだから、今日はまだいいのよ」と自分に言い聞かせるのです。そして、娘がテニスや水泳のお稽古をしている間に〝マイタイム〟でウォーキングをしています。ストレスがたまらないのでおすすめです。「今日じゃない」と家事の管理をするのです。

このようなスケジュールを立てることによって、管理すると同時に、完ぺきを目指さないことを学びます。**ただでさえ忙しいのですから、ちょっとくらい手抜きでよいのです。**

あなたもぜひ家事スケジュールを立ててみてください。私とまったく違うかもしれません。日本では、私よりも就労時間が長いでしょうし、伝統的にフィンランドでは、週末にきれいな家で過ごしたいからその前にそうじをする習慣があります。でも、あなたは、新しい週をきれいな家で迎えたいかも。

もちろんスケジュール通りにいかないことだってありますが、柔軟に対応しましょう。

生きるということは、見た目だけではありません。きれいな家だけでは幸せではないはずです。あなたと家族みんなの幸せと健康のために、たとえば夜子どもたちに読み聞かせをしたり、エクササイズをして健康に気遣ったり、パートナーと時間を過ごしてください。

もちろん片付けなしの散らかった家に住んでくださいということではありません。でも、**「このくらいでよい」というリラックスした感覚を持つことによって、あなたと家族の生活に自由な時間と柔軟性が生まれます。**

29

買い物は一週間分をまとめて

家族のために食事の支度をするということは、時間も労力もたくさんかかります。夕食に何をつくろうか、ランチはどうしよう（家族や自分のお弁当を含めて）、子どものおやつの材料は家にあったかしら、買い足すものは、など。メニューを大まかに計画して一週間分まとめて買い物をすることによって、随分と時間の無駄が省かれます。

実はこの一週間に一度の買い物というのはフィンランド流ではなく、英国に暮らしていたときに身につけたものです。ほとんどの人たちが週末土曜日に一週間分の買い物をするのです。大きなスーパーに行って、お徳用サイズの食品や消耗品を一気に買うのです。

一週間のメニューは、家族にどのような食事をしてほしいかを考えてつくります。

我が家の場合は、野菜中心の料理にするのでたくさんの野菜、週1回の肉料理のお肉、魚を多く、育ち盛りの娘には、乳製品を多くする、乳製品代替品も摂る（麦ココア、豆乳、豆乳ヨーグルトなど）、果物。娘の午後のおやつも買いますし、私の昼食（サンドイッチが多い）、たくさんのパン（日本の主食ご飯に相当）。

また、保存食として基本的な食材、たとえば、豆類、パスタ、米、トマトソースなど。冷凍庫には、残り物の豆、トマトソース、肉やソーセージがありますし、野生のベリーや自家製のケーキも入っています。

買い物に費やす時間とお金を節約

毎晩仕事のあとにスーパーに寄って、そこで何をつくろうか考え、家に帰ってお料理をしていたら、〝マイタイム〟をとるのは困難です。十分に計画をし、週末の間に食材を買っておけば、平日の夜に〝マイタイム〟をつくるのに大いに役立ちます。

また、お金の節約にもなります。仕事帰りの疲れているときに買い物をすると、衝動買いや食材を重複して買いがちですが、それを避けることができます。

また、一週間まとめてメニューを考えることによって、栄養のバランスや家族の健康についても配慮できると思うのです。

もちろん、週の途中で足りなくなることもありますから、その場合には買い足すことも必要です。柔軟に考えましょう。ときにはお総菜を買ったり外食をしたりするのもいいですね。フィンランドでは外食や総菜はとても高いので利用しません。その点、日本がとてもうらやましいです。

料理の基本は「シンプル」

フィンランドの料理は、とてもシンプルです。日本のみなさんが家庭でも盛りつけを工夫したり、品数をたくさんつくったりするのは本当にすごいと思います。

平日はシンプルに、週末には特別にステーキやオーブン料理をおしゃれにつくったりするのがフィンランド流。平日は、子どもの用事などでいっぱいなので、食事は簡単に準備できるものが多いです。

私の「力を入れないで楽に」という家事に対する態度は、料理についても変わりません。パスタソースを大目につくり、2日連続食べる場合もあります。疲れているときは、冷凍ピザを買ってきて家で焼きます。それすらもおっくうなときは、オーブンに入れたらでき上がる冷凍のフィッシュ・フィンガーが最後の砦です。

食事づくりにおいても、あなたに余裕があってリラックスできるのがいちばんなのです。

30

毎日ちょっとだけお片付け

毎日ちょっとだけ片付けることによって、週1回のそうじも楽になります。そうしておけば、たとえそうじではない日でもまあまあ大丈夫な状態ですから、居心地がよいと思います。

フィンランドでは、台所には食洗機や食器乾燥棚が備え付けてあるのが一般的です。「食洗機がない生活は考えられない」と多くのフィンランド人は言います。また、洗濯物もたまり始めると、平日でも洗濯機を回します。考えて見れば、機械が多くの家事をこなしているのですね。

日本の家庭の台所はあまり広くないので、大きな食洗機はあまり人気がないかもしれませんね。でも、もしスペースの余裕があれば、ぜひ検討してみてください。
一方で、私が日本で驚いたのが外食や総菜がとても充実していて安いこと。そして、クリーニング屋さんが街中にあり、こちらもとても安いことにもびっくりしました。たいへんなときにはそれらを利用するのも一つの「自動化」ですね。

私が日々、ちょっとだけやっていることをご紹介します。

・台所のカウンターをきれいにする。あまりモノを置かない（置きだすと、汚く見えます）
・食卓をいつもきれいに拭き、モノを置かない
・食洗器を2日に1回くらい使用（毎日使うとエコではないので）
・必要あれば、平日に1回洗濯機を回す
・床があまりに汚れてしまったときは、そうじの日以外にもそうじ機をかける
・リサイクルのものを分ける（段ボールとビン）。決められた日に外に出す
・ゴミが多いときにはゴミ出しをする

また、何かをやりながら、さっと片付けたりします。たとえば、シャワーを浴びたあとさっとお風呂場をそうじ、朝出かけるときにゴミ出しなど。

「夜にはきれいにする」と決める

夜は台所をきれいにしておくと、翌朝とても気持ちよく一日が始められますね。

一方、朝出かけるときや娘のお稽古に行くときは、急いでいる場合が多いですから、台所も決してきれいとは言えません。食事した後の食器が残っていたりします。でも、必要な活動をするために出かけるので、あまり気にしません。フィンランドの母親は、子ども食べたあとなどすぐに片付けたりはしません。次にやることが必ずあるのですから。

人生は行動であり、有意義なこと、お稽古、友人との交流、仕事、エクササイズなどが大切。家事は家の運営のためにやるべきことであって、優先順位は下のほうです。

31

たまには、お金を払って
プロにお願いする

フィンランドでは、「家事は全部自分でやらなくていい」「プロにお願いしてもいい」とみんな思っています。子どもがいてもいなくても、年老いていてもそうでなくても、シングルの人でも、たまにプロにお願いして、家事のお手伝いをしてもらいます。

あなたも自分で全部やらなきゃと思わず、ちょっと楽をして、家庭で使えるプロのお仕事を調べてみてください。よき妻、よき母、よき社員ですべてを完ぺきにこなそうとしていたら、ヘトヘトになってしまいますから。

心の余裕ができ、家族の時間が穏やかになる

フィンランドで、よく使われるプロのサービスは次の通り。

・ホーム・クリーニング（もちろんあなたがざっと片づけをしますが、あとのそうじ機掛け、モップ掛け、トイレ・風呂そうじなどはお任せ）
・窓拭きそうじ
・庭の手入れ、芝刈り
・ベビー・シッター
・家の改装

これらのサービスは、専門の会社に頼んだり、夏休み中の学生などにお願いしたりします。私自身も家のそうじ、窓拭きは使ったことがありますし、ベビー・シッターさんは何度もお願いしています。

老人ホームに入っている父のために、彼が大好きな職業訓練士をお願いしています。一緒に庭の手入れをしたり、ショッピングに行ってくれています。彼がいてくれるから、全部自分でやらなければ、というプレッシャーから解放されます。

全部自分でやろうとすると、疲労困憊、イライラしてしまいます。最悪です。そんな気持ちで家族に接したくありませんよね。**プロの方をときどきお願いすることによって、娘や父と過ごす時間を穏やかに、優しい気持ちで元気に過ごせます。**

また、さまざまなことが落ち着き、時間と気持ちに余裕ができるのです。起きている時間をただ家事や他のお世話で過ごしているのではなく、自分のケアをする時間もできるのです。〝マイタイム〟を確保する確実な方法です。

32

〝マイタイム〟のための保育環境を確保する

仕事に復帰するためには、まずは子どもの保育園の手配をしなければなりません。日本では保育園が不足していて大変だと聞いて心を痛めています。フィンランドでは、自宅から少々遠い場合もありますが、希望する子どもたちは必ず保育園に入ることができます。小学校低学年の子どもの場合、日本と同じように、学童クラブのような制度があり、親の仕事が終わるまで預けることができます。

小さい頃はシッターさんに、成長すれば友人と協力して

仕事をするために保育環境を整えるのと同様に、〝マイタイム〟のために保育環境を整えましょう。

本当に子どもが小さい頃は、ベビー・シッターさんをお願いするのが一般的です。私も娘をシッターさんにお願いして、〝マイタイム〟でヨガに行ったり、週末物書きをしたり、夜に友人に会ったりイベントに参加したりしました。

ヨガやエクササイズの曜日を決めて、その時間はパートナーや父母に見ていてもらうというのも、いいですね。

シッターさんをお願いすると、もちろんお金が発生します。でも、少し大きくなれば、ただで〝シッター〟機能を準備することも可能です。**同じ年齢の子どもを持つ家庭と協力をすることです。**特に、共通の考え方を持っていたりすると、お互いに面倒を見合うのが楽です。子どもの保育園や幼稚園、学校関係の家族と一緒に何かを楽しむことによって、お互いに助け合いましょう。

たとえば、こんなやり方があります。

・プレイデートをする
交互にお互いの家や公園、子どもが喜びそうな場所で企画。一方の家族が子どもたちの面倒を見ている間、もう一方の親は、ゆったりした時間を過ごせる
・お互いの家でお泊りをする（交互に担当）
・同じお稽古に行っている場合、交互に子どもの送り迎えを担当する
・子どもたちを一緒に登園・登校させる
・学校のあと、友達の家に行って遊ぶ
・お稽古や映画・コンサートに行くなどの活動を一緒に行う（親は交互に同伴）

そのほかにも、同じような幼少の子どものいるご近所やお年寄りと一緒に遊んだりすることもあります（他の形でお返しをすることを忘れないように）。

祖父母や叔母・叔父などにお願いするのもありですね。ただし、あまり頻繁だと、シッターさん代わりに使っていると思われるかもしれないので注意。子どもとの時間

を楽しんでもらえる程度に。また、年老いた祖父母の場合、活発な子どもについていけないこともあるので、よく考えてください。

一人で育児をしようとしない

育児は一人ではできません。夫婦二人でも大変なのですから、遠慮せずまわりの人の手を借りましょう。あなたも手を貸してあげれば、お互いさまです。

また、**他の方に子どもをお願いすることは、子どもにとって新しい経験をし、社会とのコミュニケーションを身につけるよい機会です。**いろいろな家族の形、家族の交わり方を知り、ペットのいる家族、文化の違う家族の体験ができます。

〝マイタイム〟の考え方に共感してくれそうな友人を探してください。そして、あなたのほうからプレイデートやイベントを企画してみましょう。

33

頑強なサポート環境をつくる

これまで友人や家族のサポートや絆について書きましたが、今回はそれ以外のサポートについてお話しします。もしサポート環境がないなら、今からつくることを強くおすすめします。

たとえばあなた自身が支えてほしい場合、家族でない人に相談をしたいと思うときもあるのではないでしょうか？　**家族の外にサポート・チームがいることによって、家族全体が守られている感覚になれます。**フィンランドでも日本でも同じでしょうが、幼い子どもがいる家庭は常に慌ただしく、社会から孤立してしまいがちです。

家族以外のサポートは、友人グループや近所の人などの私的なつながりもあれば、自治体の補助制度などもあります。フィンランドでは、ボランティアによるシングル・ペアレントのための代理親や代理祖父母などの制度があります。日本でも自治体ごとにさまざまな制度があるようですので、ぜひ調べてみてください。

大切なことは、サポートしてくれる方も何かを得られる体制をつくることです。泣き叫んでいる子どもを約束もなしに突然家に連れてこられて喜ぶ人はいないと思います。また、ご老人の場合、日常的に小さな子どもを預かるのは難しいでしょう。サポートしてくださる方たちには常にフレンドリーに接し、あなたも同時に彼らのサポートをしてあげましょう。

日常的なサポート・チームがなくても、心配事の相談ができるところは必ず探しておいてください。たとえば、次のようなものがあります。

・学校や保育園、幼稚園の先生

・学校や診療所の保健プロフェッショナル
・オンラインのサポート・グループ（掲示板、チャット、さまざまな子育て支援団体など）
・自分やパートナーのためのヘルスケア・サポートやカウンセリング、心理学者のセッション

家庭生活だけではなく、仕事でもサポート・グループがあると心強いでしょう。フィンランドでは、メンター（キャリアについて指導をしてくれる同じ分野の先輩）制度が盛んで、キャリアを確実に設計し、仕事の困難な状況を切り抜けるサポートもしてもらえます。

必ずしもメンターである必要はありませんが、トラブルが起きたりキャリアに迷ったときに相談できるようにしておくことは大切です。

〝マイタイム〟を使ってサポート環境をつくる

必要なサポート環境は人生のさまざまな局面やニーズによって変わります。たとえば、子どもが赤ちゃんのときは、同じような赤ちゃんを持つ母親との交流が多いと思います。失業中は、同じような状況にいる人たちとかかわりがあります。病気の親がいるときは、同じような状況にいる友人などから老人ホームや病院についての情報を得ます。

そして、それらを構築するために〝マイタイム〟を使ってみてはいかがでしょうか。趣味や地域との交流で新しい人脈を持ったり、自分が勉強したい分野のセミナーなどに行ってみてください。

かけた時間と労力は必ずあなたに返ってきます。**充実したサポート環境を持つことによって、あなた自身の生活も柔軟になり、大変なときにも精神的な支えになります。**そしてさらに〝マイタイム〟をとりやすくなるという好循環が生まれるのです。

34

家事も育児も他人と比べない

女性が家庭を持ち、子どもを育て、そして仕事をするのが主流となって何十年もたっているフィンランド。その経験から、女性たちは、よりリラックスした姿勢で生きているように思います。フィンランドでは男女平等に忙しいので、重要でないことは自然と生活から抜け落ちていきます。働くことも子どもを育てることも大きな責任です。誰もあなたに完ぺきを求めていません。

仕事をしている人も専業主婦の人も、子どもがいる人もいない人も、他人と自分を比べないことが大切です。**あなたはあなただけの人生で大切なことをしているのです。**比較をするのはナンセンスです。

でも、なかなか難しいですよね。人として生まれた限り、人と比べて落ち込んだり、うらやましく思ったりする感情から逃れることはできないと思います。

私も一時期、見事に整理整頓されたスタイリッシュな友人の家がうらやましくてたまりませんでした。私の家は、どちらかと言えば真逆の状態で、片付いておらず、玄関はスポーツ用具置き場、娘の部屋は作品の展示場と化していたのです。私と娘はスポーツやお稽古などの活動が多く、加えて私はこの本を書いているので、かなりの時間と集中力が必要です。

自分の生き方に自信を持つ

では、羨望のような気持ちにどう対処すればよいのでしょうか。

フィンランドの学校では、個性や違いを理解し尊重すること、個性はよきことであると教わります。それを前提として、最近ようやくわかったこと、それは**〝自分の生き方〟を失わなければ人をうらやむ気持ちから解放されるということです。**

私も20代の頃は、みんなと同じくお金、モノ、名誉など、幸せな人生を保証すると言われている表面的なことを求めていました。でも、幸せにはなれませんでした。30代に入り、少しずつですが自分の生き方を確立し、こうして今があるのです。

現在は、幸せです。生活には満足していますし、モノを欲しいとは思いません。定期的に、自分の中に描く大きな夢を思い出し、人とのつき合い、内面、意味合い、学びなど、表面的でないものに焦点を当てます。自然の中に身を置き、ヨガを行います。また、人生で本当に大切なこととは何かを考え、意識します。健康、衣食住のお金、娘の幸せ、よい友人、自分の個性を生かせる職場。これらすべてに対して、そして今までいただいているたくさんの素晴らしいお恵みに感謝をします。

生活に満足をし、自分らしい生き方を持つことによって、完ぺきでいる必要がなくなりました。誰とも競争をしていません。自分でいることで余裕が持てたのです。

あなたは他の人にはなれないし、他の人はあなたになれません。自分独自の生き方、生活のバランスを見つけてください。そのためには、自分に対する自信が必要です。自分のやり方、自分独自の生き方を追求してください。

そうすることによって、無駄に使っていた多くのエネルギーが解放され、あなたはより幸せに、生活に満足できるようになります。今までの慣習に従ったり、誰かがつくったイメージ通りに生きようとがんばったりしていてはキリがありません。


日本は社会からの同調圧力がフィンランドより強いかもしれません。自分の生き方や個性について考えることに慣れていないかもしれません。

でも、**自分らしい生き方を見つけ出せると、本当は必要ないものを追いかけたり、自分らしくない自分になろうと努力したりすることをやめられるので、その時間と労力を他のことに使えるのです。**

そうすれば、自分だけの〝マイタイム〟をより多く持てますし、自分のあるべき姿に出会うための一歩を踏み出せるのです。

35

不必要な罪の意識にさようなら

家族のためにもっと家事や育児をがんばりたいのに、忙しくてなかなか思うようにできない。そんなとき、罪の意識に駆られることがあるのではないでしょうか。

特に日本のように、女性が仕事と育児を両立する環境がまだ整っていない場合は、なおさらのことでしょう。罪の意識は、自分に対する期待、社会的圧力などから来るものが多く、とても複雑な気持ちだと思います。

罪の意識を感じる状況はたくさんあります。たとえば職場で、子どものお迎えで早く退社をしたり、プロジェクトを途中で抜けたりしたとき。また、やるべき家事が終わらなかったり、〝マイタイム〟をつくったことにより、パートナーや子どもとの時間が十分とれなかったりするとき……このような反省リストは永遠に続きます。

でも、**実は申し訳ないと思っているのはあなただけで、まわりは気にしていないことが多いのです。**だったら、なぜ、わざわざ自分で自分を責めるのでしょうか。そんな必要はありません。

私は罪の意識を感じたとき、このように対処しています。罪の意識は、たいてい他の感情やストレスと一緒になっている場合が多いのです。

・やるべきことをやる

やらなければと思いつつ後回しにしているとき、大きなストレスを感じます。いざとりかかってしまうとスッキリして、なぜ罪の意識があったかすらのも忘れてしまいます。

・運動したり休息をとったりする

疲れていたり、緊張したりしているときは、感情がネガティブになりがちです。

・あまり気にしないようにする

「悪いなあ」と思ってもそのまま流すのです。「私は自分らしい人生を歩んでいるのだ」と自分に言い聞かせます。

たくさんの責任を背負っている自分を受け入れてあげましょう。休息も必要です。

〝マイタイム〟も必要。

自分を大切にすることが家族の幸せにつながる

〝マイタイム〟をとることへの罪の意識も感じることがあるでしょう。私自身も長時間ウォーキングに出かけ、娘と一緒にいられないときに感じます。でも、そのときに思い出すのです。自分の体形や健康に気をつけることの大事さを娘に行動を通して教えているのだと。メタボで病気がちの母親よりも健康な母親のほうが子どもの面倒をきちんと見ることができるのだと。

〝マイタイム〟をとることに慣れるまでにはもちろん時間はかかるでしょうが、**自分を大切にすることが、家族やまわりの人のためにもなるということを、今一度思い出してください。**

私はマインドフルネス（今ここにすべての意識を向け、ありのままを受け入れる瞑想法）、仏教、ヨガを30代に始め、どうしようもない感情や出来事が起きたときも、集中力と気持ちの平和を保ち、何が大切か考えることができるようになりました。

困難にぶつかったとき、必ず思い出す言葉があります。尊敬するベトナム人の僧侶ティク・ナット・ハンの言葉です。

「感情は、風吹く空の雲のように行ったり来たりします。だから、意識して呼吸することによって、地に足がつきます」

ネガティブな感情に支配されそうなとき、ゆっくりと呼吸をするようにしてみてください。落ち着いて考えれば、きっとあなたは大丈夫なはずです。

COLUMN

3

家族との絆

家族。私たちはいつも〝家族〟のために、朝早く起き、家事をし、働いています。何度も言っていることですが、〝マイタイム〟も、家族とのよりよい関係のために重要なのです。ですから、その家族、パートナーや子どもたちといい関係を築かないなんて、本末転倒です。

このコラムでは、フィンランド人の家族観、私が幼少期に思ったこと、娘を育てながら今感じていることを書きます。家族の大切さについて、一つでも心に留めていただけたら嬉しいです。

ときには一対一で過ごす

年を取ってから、「仕事が忙しすぎて、子どもやパートナーと十分な時間を過ごさなかったことを後悔している」という人たちがとても多いです。家族のメンバーとそれぞれ一対一で、特別な時間を過ごしてはいかがでしょうか。

朝食はできる限りみんな一緒に

食事タイムはお話タイムです。特に子どもは、家族と一緒に食事をすることによって、安心感をおぼえます。夕食は難しいかもしれませんが、朝食を一緒に取ることによって、一日の予定や夕食のことなどみんなで話し合いましょう。

とにかく家族と話す

食事のときだけでなく、想い、感じたことなどはできるだけたくさん話し合いましょう。家族だって、話さなければわかりません。みんな超能力者ではないのです。

家族だけの特別なイベントなどを持つ

家族だけの特別な〝何か〟をつくりましょう。たとえば、野球が好きだったり、犬が好きだったり、フランス語が話せたり、長距離のランニングやテニスが好きだったり。何か共通に好きなことを持つと一体感が生まれ、家族の絆が強くなります。

●外部の助けを借りる

家族のトラブルの際にはその道のプロであるスクール・カウンセラー、結婚カウンセラー、精神科医などの助けを借りましょう。恥ずかしいことなどありません。必要な場合は頼るべきですし、トラブル悪化の予防にもなると思います。また、信頼できる友人に相談することで楽になる場合も。自分の中にためてしまうのは、よくありません。

――私と娘の絆づくり――

私は、娘と絆をつくるためにこんなことをしています。

- チェスなどのゲームをし、勝負について学ぶ。
- 一緒に旅行をする（年に1回くらい）。仕事で出張に出るときに、連れて行くこともあります。
- サマーコテージに行き、フィンランドの伝統を教えたり、私の子どもの頃の話をしたりします。電気がなく、本を読んだり、ラジオを聞いたり。飽きると森に行ったり、湖で泳いだりした思い出があります。
- 自然の中に身を置き、四季の変化を感じるように教えます。
- 事前に二人で選んだテレビ番組を見ます（英語の勉強になるように英国の番組が多いです）。
- 一緒に本を読み、内容や作家について話します。
- けんかもしますが、すぐに仲直りします。
- 感じたこと、考えたことについて話します。
- いろいろなことを教え合います。
- 常に、親としての自分の行動を分析します。
- 娘と彼女の父親との関係について、また英国に住む彼の家族に対して、リスペクトの気持ちを持っています。娘に対しては、自分の中に流れる英国の伝統を成長させるように促しています。フィンランドにいても、英国について学ぶことができますから。

- 人との交流を大切にするように教えています。まわりの人、祖父母、親戚、友人などです。

母親であること、娘との絆について、完ぺきになれることはありません。いつも失敗をしながら、練習をし続けるのみです。

おわりに

現代人の生活は、日本でもフィンランドでも、やらねばならないことがいっぱいで慌ただしいです。

特に、家庭があって、子どもがいて、仕事もあって、あるいは仕事に復帰しようとしていて、という状況だと、常に時間との戦いで、体は引っ張りだこ。その上に、介護も加わったりするかもしれません。

多くの国では、経済的な理由で長い産休育休をとることができない場合が多く、フィンランドでは、自分のキャリアを継続させるために休みたくない女性も多いです。そんな状況の中でも、やはり〝マイタイム〟を見つけ、リフレッシュ、充電、リラックスをすることはとても大切です。家族を大切にするように、自分自身も大切にしてください。あなたが倒れたら大変ですから。

日本では、まだまだまわりの人たちを上手に〝教育〟する必要があるかもしれません。あなたは今までの伝統的な日本女性ではなく、〝今〟を生きる人なのです。家事を全部一人で完ぺきにこなすのは不可能です。ですから、家族みんなで家事をこなすのです。フレックスな働き方については、上司や会社と話し合う機会があったほうがいいかも。女性雑誌にあるような完ぺきを目指すのはやめましょう。あなたの生き方や価値観を交えて調整してみてください。

〝マイタイム〟は、単に充電するだけではありません。自分の夢や人生でやりたかったことを手掛ける素晴らしい機会です。人生の大切な問題を振り返ったり、新しいスキルを身につけたり、新しい友人をつくったり、友情や家族との絆を強くするチャンスなのです。

〝マイタイム〟を生活に組み込むことは、生活で大切なバランスを保つことでもあります。忙しい一日の中で、少しだけでも〝マイタイム〟をとり、生活を振り返り、将来を見据えて調整をすることによって、自分と家族のバランスとウエルネスを保持し、職場でも何が必要か、しっかりと考えられるのです。

仕事も育児も介護も簡単ではありません。忍耐力、自己抑止力、自己管理、自己評価、物の見方を変えることなどが必要で、同時に伝統的な考え方や社会からのプレッシャーもあります。でも、前向きに忍耐強く貫けば、素晴らしい現代に生きる社会人になっていけます。必ずできます。いちばん大切なことは、自分に対して、思いやりを持ち、自分を信じることです。

ここまで読んでくださったみなさんに感謝します。

この現代社会の中でどのように生きていくか、〝マイタイム〟を持つことによって、きっとバランスの取れた生活が始まっていくと思います。ここから一緒に最初の一歩を踏み出していきましょう。

マイタイム
自分もまわりも幸せになる「自分のための時間」のつくり方

発行日　2018年4月15日　第1刷

Author	モニカ・ルーッコネン
Translator	関口リンダ
Photographer	カタリーナ・ヤルヴィネン（P.73, 77, 83, 115, 116, 137, 141） ヤニカ・パスマ（著者プロフィール写真）、Getty Images（cover, P.78）
Book Designer	坂川朱音・西垂水敦（krran）
Publication	株式会社ディスカヴァー・トゥエンティワン 〒102-0093　東京都千代田区平河町2-16-1 平河町森タワー11F TEL　03-3237-8321（代表） FAX　03-3237-8323 http://www.d21.co.jp
Publisher	干場弓子
Editor	大竹朝子
Marketing Group Staff	小田孝文　井筒浩　千葉潤子　飯田智樹　佐藤昌幸　谷口奈緒美　古矢薫　蛯原昇　安永智洋　鍋田匠伴　榊原僚　佐竹祐哉　廣内悠理　梅本翔太　田中姫菜　川島理　庄司知世　谷中卓　小木曽礼丈　越野志絵良　佐々木玲奈　高橋雛乃
Productive Group Staff	藤田浩芳　千葉正幸　原典宏　林秀樹　三谷祐一　大山聡子　林拓馬　塔下太朗　松石悠　木下智尋　渡辺基志
E-Business Group Staff	松原史与志　中澤泰宏　西川なつか　伊東佑真　牧野類　倉田華
Global & Public Relations Group Staff	郭迪　田中亜紀　杉田彰子　奥田千晶　李瑋玲　連苑如
Operations & Accounting Group Staff	山中麻吏　小関勝則　小田木もも　池田望　福永友紀
Assistant Staff	俵敬子　町田加奈子　丸山香織　小林里美　井澤徳子　藤井多穂子　藤井かおり　葛目美枝子　伊藤香　常徳すみ　鈴木洋子　内山典子　石橋佐知子　伊藤由美　小川弘代　畑野衣見　森祐斗
Proofreader	文字工房燦光
DTP	朝日メディアインターナショナル株式会社
Printing	シナノ印刷株式会社

●定価はカバーに表示してあります。本書の無断転載・複写は、著作権法上での例外を除き禁じられています。インターネット、モバイル等の電子メディアにおける無断転載ならびに第三者によるスキャンやデジタル化もこれに準じます。
●乱丁・落丁本はお取り替えいたしますので、小社「不良品交換係」まで着払いにてお送りください。

ISBN978-4-7993-2254-3

©Monika Luukkonen, 2018, Printed in Japan.